Emil Gerbet

Die Mundart des Vogtlandes

Emil Gerbet

Die Mundart des Vogtlandes

ISBN/EAN: 9783743301634

Hergestellt in Europa, USA, Kanada, Australien, Japan

Cover: Foto ©Thomas Meinert / pixelio.de

Emil Gerbet

Die Mundart des Vogtlandes

DIE
MUNDART DES VOGTLANDES.

INAUGURAL-DISSERTATION

ZUR

ERLANGUNG DER PHILOSOPHISCHEN DOKTORWÜRDE

AN DER

UNIVERSITÄT LEIPZIG

VON

EMIL GERBET

AUS TRIEB BEI JOCKETA
IM VOGTLAND.

LEIPZIG
DRUCK VON BREITKOPF & HÄRTEL
1896.

ABKÜRZUNGEN.
(Nebst Litteraturangabe.)

A = Auerbach.
Adj = Adjektiv(isch).
Adv = Adverb(ial).
AfdA = Anzeiger für deutsches Altertum.
ahd = althochdeutsch.
allgem = allgemein.
altbg = altenburgisch.
Anm = Anmerkung.

b = bei.
bair = bairisch (obd).
bayr = bayrisch (poltisch).
bezw = beziehungsweise.
-bg = -berg.
-br = -brunn.
BMaa = Bayerns Mundarten von OSKAR BRENNER.
Bob = Bobenneukirchen.
Bös = Bösenbrunn.
BSa = bayrisches Saalgebiet.
BSe = bayrisches Selbitzgebiet.
BV = bayrisches Vogtland.

D = Dativ.
-df = -dorf.
dh = das heisst.
Dim = Diminutiv.
d tsch) = deutsch.
DUNGER = DUNGER, Rundås und Reimsprüche aus dem Vogtlande. Plauen 1876.

ebd = ebenda.
erzg = erzgebirgisch.
etc = und so weiter.

f oder Fem = Feminin(um).
F-N = Familien-Name.
fig = figürlich.
Fl-N = Flur-Name.
frk = fränkisch.
Frk-W = Franken-Wald(gebiet).
frz = französisch.

G = Gera.
Gr = Greiz.
gew = gewöhnlich.
-gr = -grün.
GRIMM Myth = GRIMM, deutsche Mythologie. (3. Auflage.)

H = Hof.
h(enne)bg = hennebergisch.
hd = hochdeutsch.
HEDRICH = HEDRICH, Die Laute der Mundart von Schöneck i/V. 1891. Progr-Nr 565.
HERTEL = HERTEL, die Greizer Mundart. (Mittl d Geogr Gesellschaft zu Jena V, 1886, S 132—165).
Hoh = Hohenleuben.

J = Jössnitz.
Jh = Jahrhundert.
Imper = Imperativ.
Ind = Indikativ.
Inf = Infinitiv.

K = Kossengrün.
Kloschw = Kloschwitz.
Kl- = Klein-
KLUGE = KLUGE, etymologisches Wörterbuch (5. Auflage).
Konj = Konjunktiv.

L = Liebau.
-l = -lich, zB lautl = lautlich.
LEXER = LEXER, mhd Wörterbuch.

M = Markneukirchen.
m oder Mask = Maskulin(um).
Ma(a) = Mundart(en), ma = mundartlich.
md = mitteldeutsch.
mhd = mittelhochdeutsch.

N = Netzschkau.
n oder Neutr = Neutrum.
N = Nord(en), n(ördl) = nördlich.
ndd = niederdeutsch.
nhd = neuhochdeutsch.

O = Ost(en), ö(stl) = östlich.
obd = oberdeutsch.
obpf = oberpfälzisch.
obs = obersächsisch.
Ö = Ölsnitz.
O-N = Orts-Name.
Opt = Optativ.
östr = österreichisch.

P = Pausa.
P(öss) = Pössneck.
Pl = Plauen.
Part = Partizip.
phonet = phonetisch.
Pl = Plural.
Präs = Präsens.
Prät = Präteritum.

Rb = Reichenbach.
Rdf = Rodersdorf.
Reh = Rehau.
RO = reussisches Oberland.
RU = reussisches Unterland.
RV = reussisches Vogtland.

S = Süd(en), s(üdl) = südlich.
Sch = Schöneck.
schles = schlesisch.
SCHMELLER = SCHMELLER, bayrisches Wörterbuch.
SCHMIDT (Topogr) = SCHMIDT, Topographie der Pflege Reichenfels. Leipzig 1827.
schw = schwach.
Sg = Singular.
slav = slavisch.
SM = mittleres sächsisches Vogtland.
SOb = oberes sächsisches Vogtland.
SObpf = oberpfälzisches Vogtland.
SU = unteres sächsisches Vogtland.
SPIESS (Id) = SPIESS, Beiträge zu einem hennebergischen Idiotikon. Wien 1881.
Spr-A = Sprach-Atlas von WENKER (nach AfdA).

T = Trieb.
thür(ing) = thüringisch.
tl = tonlang (= gedehnt).
ua = und andere(s).
uä = und ähnlich(e(s)).
uam = und andere(s) mehr.
urk = urkundlich.
urspr = ursprünglich.
usf, usw = und so fort oder weiter.

vgl = vergleiche.
vogtl = vogtländisch.

W = West(en), w(estl) = westlich.
Wb = Wörterbuch.
Werd = Werdau.
WEISE = WEISE, Altenburger Mundart. Eisenberg 1889.

zB = zum Beispiel.
zT = zum Teil.

Phonetische Tabelle und Zeichen.

Vokale: i ι e ε $æ$ a $ɑ$ $ɔ$ o u $ü$
          palatal   velar

$ɷ$ = labialer ε-Vokal (ungefähr nhd $ö$).
$ə$ = überkurzer Neutralvokal.

Konsonanten: Liquide: l, $\hat{l}$ = mouilliertes l, r = Vorderzungen-, $ʀ$ =
Zäpfchen-r, $ŕ$ = reduziertes r, $ɩ$ = reduziertes $ɩ$.
Nasale: m, n, $ŋ$ (velarer und palataler Gaumennasal).

Stimmlose { Explosive: b, d, g mit neutraler Mittelstärke (von ma Lenis bis Fortis); k = aspirierter Guttural.
Spiranten: f, s $š$, $χ$ x—h. s spitz, $š$ breit; $χ$ palatal, x velar ($ax!$ ach!, $äx$ Auge, $näx$ Neige, $ʀəxd$ recht).

Stimmhafte Spiranten: w (bilabial).

$\bar{}$ = überlang, zB $h\bar{ä}!$ ja!
$\bar{}$ = lang, zB $m\bar{a}$ Mann.
$\dot{}$ = halblang, zB $\dot{Y}$ in $\dot{Y}e$, wie $g\dot{i}e$ gehn.
Kürze, bei den Vokalen nicht bezeichnet, zB man Mann; bei den Konsonanten = $_,$, zB $silwɒ$ Silber.
$_,$ = überkurz, zB $ǫ$ in $\dot{u}ǫ$, wie $ə́dʀúə$ Stroh.

$'$ = hauptbetont.
$\grave{}$ = nebenbetont.
$_{_\circ}$ = silbisch, zB $silwɒ$ Silber.
$_\varepsilon$ = genäselt, zB $dą$ Thon.

$<$ = entstanden (entsteht) aus.
$>$ = geworden (wird) zu.
$*$ = anzusetzend.
$*$ = selten, weil neu.
$†$ = veraltend, $††$ veraltet.

INHALT.

Grenzen, Einteilung und Stellung der vogtländischen Mundart. Seite
I. Die Mundart der Gemeinde Trieb. § 1—3 1
II. Die Mundart der Nachbarorte. § 4—6 8
III. Lauterscheinungsgrenzen des Vogtlandes. § 7—8 12
IV. Charakteristik und Herkunft der Mundarten des alten Vogtlandes. § 9—62 21
   A. Allgemeines. § 9—21 21
     1. Abgrenzung und Herkunft. § 9—10 21
     2. Lautliche Charakteristik der vogtländischen Mundart im engeren Sinne. § 11 22
     3. Mundartliche Unterschiede. § 12 23
     4. Untermundarten. § 13 27
     5. Oberpfälzische, ostfränkische und thüringische Elemente. § 14—21 30
   B. Lautliche Charakteristik der vogtländischen Mundart. § 22—23   37
     1. Lautliche Hauptcharakteristika der vogtländischen Mundart. § 22 37
     2. Zeitfolge des Lautwandels. § 23 39
   C. Wortbildung. § 24—27 43
     1. Verbum. § 25 44
     2. Nomen. § 26—27 47
   D. Syntax. § 28—33 50
     1. Wortstellung. § 28 50
     2. Reflexive Verbalformen. § 29 51
     3. Pronomen. § 30 52
     4. Rektion. § 31 53
     5. Genitiv Singularis. § 32 53
     6. *voller, aller*. § 33 54
   E. Ortsnamen. § 34—49 54
     1. Slavische Ortsnamen. § 35—37 55
     2. Deutsche Ortsnamen. § 38—49 57
       a. Geschichtliches. § 36—42 57
       b. Thüringische Ortsnamen. § 43 59
       c. Ostfränkische und oberpfälzische Ortsnamen. § 44—49   61
   F. Oberdeutscher und mitteldeutscher Wortschatz. § 50—59 . . 64
   G. Volkskunde. § 60—61 71
   H. Schluss. § 62 72
V. Umgangssprache. § 63—64 72

EINLEITUNG.

Grenzen, Einteilung und Stellung der vogtländischen Mundart.
I. Die Mundart der Gemeinde Trieb.

§ 1. Meine Heimat Trieb [= T], ein Bauerndorf von ungefähr 100 Einwohnern, liegt an einer Berglehne des linken Elsterufers, 2 Stunden nördlich von Plauen (Amtshauptmannschaft), 1 Stunde südlich von Elsterberg (Amtsgericht), dicht an der reussischen Grenze, inmitten des alten Vogtlandes, der terra advocatorum. Es ist wahrscheinlich, dass es (*s* [*indɔɩę̨*] *Drib*, auch *dę Drib*; vgl 1414 *zu der Trybe*?) mit seinem Namensvetter, dem 'oberen' Trieb, nach der Trieb (slav *Cocotuia*), an deren Oberlaufe dieses, unweit von deren Mündung jenes angelegt ist, genannt worden ist: es wäre demnach wie Triebel am Triebelbach (slav *Stirbile*) deutscher Herkunft trotz seiner Kreisform; doch kann auch nichts gegen Herleitung aus dem Slavischen (1441 *Treben*, 1446 *Trybe* < *treba* Rodung, Reut, wie Triebel < 1328 *Tribel*, 1378 *Triebel* < *trebula* Gereut) eingewendet werden.

Ein Blick hinein in das Sprachleben einer solch kleinen Sprachgemeinschaft mag uns einführen in die vogtländische Mundart, mag uns Antwort geben auf die Fragen: was war? was ist? was wird werden? warum ist es so, das hier oder dort gesprochen wird?

§ 2. Die Familie ist die kleinste Sprachgemeinschaft.

1. Grossvater und Grossmutter sprachen, ja sprechen meist noch: *grúǫsfȫdɉ* (mhd *grōz-vater*), *dsä̀ dȯ́lɉ*

(mhd *zēn taler), dswḯęnạ fīęχļ (zwēne vögel), unŗ sàgśŗ kḯnḯχ (unser süchsischer künig), dan mā̀nạd hebmŗ nār án fēd (*dën mānōt het wir ne wǣre einen voit), frùmạ bfā́r (vrume pferde), jā̀rdịχs há̀ (*vërtigeʒ hou oder höu), dŗ Bā̀ln hund bái̯ld (*dër Pauln hunt bílť), nàxdụ wār ịχ kām ęs dŗ šdód häm kùmạ (*nüchten wǣre ich küme ǘʒ dër stat heimkomęn); mā̀sdạ, Hármā̀? — hā̂ụ! (meinstu, Hërman? — jā!); dö́, śóds, ḷósdạn śmòds (dā, schaz, hāstu einen smaz) usf, dh die alten echten und rechten Mundartformen.

Die Enkel und Enkelinnen kennen gewöhnlich nur noch: gṛóṣfádị, höchstens gṛúę̣ṣfá̀dị — wenn sie ihn nicht gar schon bábà nennen, dsǣn dấlị, dswḕ (md zwē) féχļ, unŗ sæ̀gṣḯṛ kḯnḯχ, dǣn mónàd hádụ mị oder hédmị nā̀ị ản fóxd, fròmə bfǣ̀ị, hái̯ fụi̯ fòri̯n gā́ị (hǣ̀ị her), dị Bá́ụln oder nę Báụl sai̯ hùnd báld (nun fälschlich identifiziert mit nhd bellt zu mhd bëllen), gesdụ nàmsd wǣi̯ ịχ bal nèd ęs dị śdá́d ham kùmę; mā̀nsdę Hǽi̯màn? — i̯ā́ oder χā́! dá, śàds, ḷósdə ęn śmàds — wenn nicht schon ęn kus usf, dh bereits manche Entlehnungen aus der md Umgangssprache.

Die Eltern überbrücken die Kluft, die bereits zwischen alt und jung: Altes und Neues, wie grúę̣sfàdŗ, dsǣ̀ dấlị, dswḕ féχļ, unị sæ̀gśḯ kḯnḯχ, dan mónad hebmị nǣi̯ án fóxd, fròmę bfǣ̀ị, fú̀ęi̯gǣ̀i̯χs hái̯, dị Bā̀ln hund báld oder bái̯ld, gesdụ nàmsd wǣi̯ ịχ bal ned ęs dị śdá́d ham kùmę; mā̀sdę Hǽi̯mân? — hā́́ oder χā̂! dó oder dá, śàds, hósdęn śmàds usf, gilt gleich in ihrem Munde.

2. Dies Nebeneinander am Orte giebt zugleich ein Bild des zeitlichen Aufeinander in der Geschichte der Mundart seit den letzten Dezennien. Von Lautwandel ist nur wenig noch zu beobachten (ā̀ị > ǣi̯: zB nāi̯ > nǣi̯ ua), desto mehr aber von Lautsubstitution (ē für ię: fēχļ für fīęχļ usf, ō für ụę: gṛósfàdị für grúę̣sfódŗ usf, ā̀ für ō: fā̀dị für fōdŗ usf) oder gleich von Formensubstitution (innerhalb des Ma-Gutes: Neutr dswē auch fürs Mask dswi̯ęnạ usf, aus der md (obers) Umgangssprache: dsǣn für dsǽ, wo dsīē den Vermittler spielte, ua) oder endlich von Wortsubstitution (fúęi̯gǣ̀i̯χ uä für fá̀rdịχ, gesdụ oder gèsdụ̀ä̀msd für nàxdụ)

— mit einem Worte: der Mundart gebrichts schon an der Kraft sich organisch weiter zu entwickeln; sie geht daher Kompromisse mit den verschiedenen Stufen der Umgangssprache ein.

3. Aber jung wie alt spricht: *Kìnəsèəi* (mhd *Künigsē-ǣre Händler mit Sämereien, Kräutern und Medikamenten aus Königsee im Thüringer Wald), *Fēdśgṛi Fēdśgrí* (1667 *Voigtsgrün*) Vogtsgrün O-N, *Bálndòfl̥* (mhd *Paulen Tophel) Christoph Vollstädt, genannt Paul, *Sdódwëχ* (mhd *Stat-wēg) Fl-N, *bflándśdòd* (mhd *pflanzstat) Beet für Kohlkraut- und Rübenstecklinge, *Fólśdēds Hánsgeiχ* (mhd **Vol-stetes Hans Jürge*) Johann Georg Vollstädt; ferner *hád un śnid* (mhd *höuwet und snit*) dh sonst 'altmodische', gemiedene Formen überdauern den Zersetzungsprozess nur, wenn sie festgebunden im Kompositum oder in einer formelhaften Redensart dem Sprachbewusstsein nicht mehr recht deutlich waren oder auch, wenn dem Hd eine Entsprechung fehlt. In gewissen Fällen genügt schon Annahme eines leichten humoristischen Beigeschmackes: *dū àldi̥ gṛùəsfòdi̥!* oder *fódi̥!* redet man einen jungen Menschen an, der auf der 'Höllbank' in der 'lauschigen Hölle' hinter dem Ofen des Grossvaters Sitz einnehmen, oder der gleich bei der ersten Kälte nach dem Pelze greifen möchte; *də àldẹ gṛùəsmìdi̥* oder *mùdi̥* ist seine Spiessgesellin.

So spricht in einem Hause die *gṛùəsmìdi̥* — oder einfach auch *mudi̥* angeredet — vom *grùəsfòdṛ* oder *fódṛ* (ihrem Gatten, Herrn), die *mudi̥* vom *fädi̥* (Gatten, Vater, Herrn), die *gúη̥ə un mǟdlẹ* (mhd *jungen und meidelin*, Söhne und Töchter des Hauses) vom *fódi̥* (Grossvater) und *fädi̥* (Vater), *s gəsín* (mhd *daz gesinde*) vom *fädi̥* (Dienst-, Hausherrn) oder *bɑuəi* oder *Frɨdəriχ* ua, wie von der *mudi̥* (Dienst-, Hausherrin) oder *frɨä* (mhd *vrou*) oder *Gedẹ* (Jette, Henriette) ua, und jeder kann ein *àldi̥ gṛùəsfòdi̥* oder *fódi̥* jede eine *àldẹ gṛùəsmìdi̥* oder *mudi̥* sein.

4. Verschiedene Formen können für dasselbe Wort — gesetzt die Lautdifferenz ist sehr gering — längere Zeit von zwei gleichaltrigen Familienangehörigen ge-

sprochen werden, wie *ɿasblɲ* und *ɿasblɲ* (mhd *riuspeln*): erst war nur die lautgerechte Form mit *a* da, *ə* stellte sich bei der einen Person ein, da sie dies Wort der Bedeutung nach mit *ɿasblɲ* (mhd *raspeln*) zusammenbrachte, bis endlich *a* durch Einmischung einer dritten Person wieder in seine Rechte gesetzt wurde, die die Lautdifferenz ob ihres schärferen Gehörs bemerkte und darauf aufmerksam machte. Der Vater spricht *faugəd* (mhd *vūlec-heit*), die Mutter *fauxəd*, der Sohn lernte die ma Form der Mutter; *fauləd* (mhd *vūlheit*) ist daneben selten, aber von allen gebraucht; nhd *fáulhàɩd* ist auf dem Wege alle drei zu verdrängen, oder vielleicht wird sich *fauxəd* retten, da es sich in der Bedeutung mit *fáulhàɩd* keineswegs völlig deckt.

5. Eine *hándwàl* (mhd **hant-twǖhele*) zum 'Staat' über dem Handtuch, ein *śláɩsɲö̀sd* (*slizen-āse*) über oder neben dem *káxʄùəfm̥* Kachelofen, einen *śláɩsɲlàxdɽ* (*slīzen-liuhtǣre*). einen *ùəfm̥dòbf* Ofentopf, einen *lìhùd* (*lynhuot*, LEXER I 1982) usf, einen *śbǣndsdɽ* (Spencer), einen *dúxmadèŋ* oder einfach *madèŋ* (frz *mantin* oder *matin*) Tuchmantel, eine *búgʄhàu* (mhd *buckel-hübe*) usf, *fáɩərśdà̀ un śwamb* (*viur-stein, swamp*) usf besassen nur die Alten, die Jungen kennen sie kaum mehr dem Namen nach. Der Kinderwelt sind von alledem nur die *laɩχdɿ* Leuchter (an Stelle eines Tannenbaums`, die *fáɩərśdà̀* oder *śdánḷẹ* Feuersteine in der *gug* (*gucke*) Zuckerdüte, der *śwam* Schwamm an der Schiefertafel geblieben: durch Kulturfortschritt (besonders zB durch Umbau, Schule, Eisenbahn) verschwindet mit dem Gegenstand gewöhnlich auch sein Name, oder das alte Wort lebt fort unter anderer Bedeutung. *śábdäx* (*schoup-dach*) — die ehedem gewöhnliche Dachbedeckung — wird jetzt noch im figürlichen Sinne für den *śábhùd* oder *śdɿùɡ̱hùd* gesagt; das schon vor Grossvaters Zeiten allwöchentlich erschienene *wóxŋblö̀d* (*wochen-blat*) heisst heute noch *wóxŋblö̀d* oder *-blàd* oder *blö̀d*, obgleich es Tageblatt geworden; der einst wirkliche *hábàlgŋ* (*han-balken*) ist jetzt oberster Raum einer Scheune; der *śnīd* (*snit*) mit der Sichel fristet seine Existenz noch im *śnīd* (Getreideernte, deren Zeit), wenngleich das

Getreide schon längst 'an- oder weggehauen' wird; die
hìmı̐sdàıχ (< hüener-stīge) unter dem Schrank der chemaligen
Bauernstube, die zu Zeiten zugleich als Schulstube dienen
musste, ist heute die 'Strafbank' in der Schule; ən axdı̥le
(ein ühterlīn) ist geblieben in ə nàxdı̥le s̆nàbs, das nı̐es̯l̥
(nǣzel) in ə nı̐es̯l̥ hı̂efm̯ (mhd hefen), die hı̂efm̯fıà̄ (-hànc̣)
Hefenhändlerin misst mit dem nı̂eslm̌òs (mhd nǣzel-mūz̧),
kànl̥ (mhd kannel) in der Bedeutung eines Liters im Liede,
das der Träger so mancher alten Form, alten Wortes, wie
àınə kànl̥ wáısbı̆el, àınə kànl̥ zúm, bím bàum búm, àɪ
s̆màısd úm und in ə kànl̥ hı̂efm̯.

6. Bei den Alten hat sich ein Kranker wieder dr̥kówcr̯d
(mhd er-kobert), lebte man idé diät, kam man ins dəgrə-
mǽnd (detritmentum), trug man ein bàrəsól oder bàrəblí
(beides Regenschirm), das Kind ein kāsəle (mhd *kāselīn), in
der Taufe ein wǽsdr̥hæm̨l̥ (mhd wester-hemdel), gings aŋs̆wíd
(frz en suite) rasch, sofort, wiederholt, ist man guländ (frz
coulant) bedient worden, liess man sich keine fısəmaddǽndsχn̥
oder -dǽndsın̯ (visamentum) vormachen, erzählte ein s̆wıdı̨é
s̆wīdn̯ (frz *suitier, suite), lı̇əd̯n̯ 'Loten' und s̆nōgn̯ 'Schnaken',
machte lorgn̯ 'Lurken', strich man schmunzelnd mit òbəs̆ı̇erd!
'obligiert' die bezahlten Zinsen ein, ohne es unterlassen zu
können kúm bàl wídɪ̥ mıd sèdn̯ (aldn̥ garśdın̥) dsáıχ! 'komm
bald wieder mit solchem (alten garstigen) Zeug!' hinzuzu-
fügen, dem sich oft noch ein beschwichtigendes nu də wásd
s̆ā̆, wi ıχ des mā (mhd *nu̇n) du weist schöne, wie ich dez̧ meine)
anschloss. Bei den Jungen tritt an die Stelle einer reichen
Fülle dieser charakteristischen, fein unterscheidenden, oft
gerade wegen ihrer Fremdheit humoristischen, denselben Be-
griff in gewöhnlicherem, schwächerem Sinne wiedergebenden
Ausdrücke schon häufig eine bedenkliche Wortarmut, eine
Abgeblasstheit im Ausdruck, zB màxdmı̥ sıχ wídı̥ macht
man sich wieder, màxdmı̥s̆ gədıā̆ ò macht man das Getreide
ab, màxdmı̥ s̆làısn̥ macht man Schleissen, für sıχ dz̥hı́ə̯ln̥
sich erholen, s̆nàıdn̥ schneiden, s̆làısn̥ schleissen; weitschwei-
fige Umschreibung, wie s̆dégıàusdǣn (mhd *stöcke-hërūz-
dōn-er), kòɪnòmáxɪ (mhd *korn-abe-macher) für Schnitter,

dsæŋsdənanz hindz ẓū mz fouχs gāz s grȧud hedṇ (mhd **ze endes einander hinter wō wir vorigez jār dez krūt heten*) am vorjährigen Krautacker hin.

§ 3. 1. So spricht man fast in der ganzen Gemeinde — soweit natürlich die 'Einheimischen' in Frage kommen, die zum grössten Teil in mehr oder minder gutem Hd mit den 'Gebildeten', 'Vornehmen', *šdēdụn* oder *sdēdnɔn̥* Städtern verkehren können. In der einen Familie, wo der Grossvater eingewandert, war auch der Ausdruck *dlas nesd* (mhd *kleinez nëst*), Koseausdruck für 'kleines Kind', mit *e* für hiesiges *a* in *nasd* aus der Ölsnitzer Gegend eingebürgert. Die Formen *käfd* (mhd *gekouft*), *kænd* (**gekennt*), *blim* (**geblieben*), *ȧusbrænd* (**ūz-gebrennt*), *dsȧmbɹàxd* (**zesamengebrächt*), *daxd* (*gedächt*) ua, *iχ gie ȧnẹ dsü̇* (< *ich gē ane-hin zuo* ich gehe einstweilen voraus) — gegenüber allgemeinem *gəkáfd* etc, *iχ gie fűɹȧnẹ dsü̇* (< *vorane-hin zuo*) — charakterisiert eine Familie samt ihren Anverwandten: auch sie ist eingewandert (in der ersten Hälfte dieses Jahrhunderts). Sonderbarerweise hat sich eine Familie, deren Haupt aus Deutschböhmen stammte, ganz dem allgemeinen Usus anbequemt. Die älteren Mitglieder einer Arbeiterfamilie haben Formen der alten Heimat (Reussenland), wie *dɹwȧŋ* (< *dërwëgen*) gegen hiesiges *dɹwéŋ* ua; die Kinder sprechen den Dialekt ihrer hiesigen Spielgenossen. Die 'von auswärts', die Dienstboten, passen sich je nach dem Grade der Verschiedenheit der Dialekte leichter oder schwerer an: der Bayer, Böhme, Schlesier, Pole fast gar nicht; der Reussenländer, auch der aus dem Oberlande, oft überraschend leicht und rasch: seine *šdunds* (mhd *stunze*) ist bald der *šdids* (< *stütze*), dem *šafl* oder *šæfl* (< **schüffel*), der *faudɹ* oder *fȧudɹ* (mhd *vater*) dem *fȧdɹ* gewichen; eine junge Reussenländerin überträgt alle *ā* für weite *e*-Laute in *ē*: spricht *fēdɹ* Feder, *flēdɹwiš* Flederwisch, trotzdem dass hier Trieb *ā* wie ihre Heimat hat, nach dem Muster *lāsn̥* (RV) > *lēsn̥* (T) lesen ua.

2. Gefährlich für die Ma ist ein Gasthaus, das einen städtischen Wirt hat, als Sommerfrische dient und viel städtischen Verkehr hat. Man kann darum dort nur *ə glȧs*,

selten noch *ə dlȯ̀s bī̯ęɩ, ən śnid, ən hàlm lídɩ̣* — nie aber gut mehr *ə sàɩdļ bī̯ęɩ, ən śnīd, ə nī̯ęsļ, ə kanļ, ə nàɩdı̯lę (śnå'ɩs)* verlangen! Dort kauft man fast nur noch *sæmļn* Semmeln, *hǣrɩŋ* Hering, keine *samļn, häu̯ɩŋ* mehr. Dort wird aus dem *dándsbùędṇ* Tanzboden ein *sä!* Saal, wiewohl er klein und eine Treppe hoch geblieben, aus dem *lúsdhàu̯s* Lusthaus eine *gáɩdṇlàu̯b* Gartenlaube, aus der *áɩsæ̀ŋg* Einschenke das *bɩu̯éd* Büffet etc, und nur das *aídęsdɩ̣* Orchester, 'Musikantenbucht' und der *imɩ̣* (mhd *imber ingewer*) sind bis heute geblieben, mit Orchester und Ingwer sie zu verbinden wagt man nicht.

3. Dies ist das Hauptventil, wodurch md Umgangssprache und Mundart in Berührung treten, aber immer zum Nachteil der letzteren. Der ziemlich lebhafte **Verkehr mit der Stadt** (mit Plauen und Elsterberg) trägt auch sein gut Teil mit dazu bei, dass sich Formen, wie *flaɩ́ś* Fleisch, *bɩōd* Brod, *śēn* schön, *naɩn* nein, *i̯ā* ja, *blau̯* blau, *blâu̯ màxı̣ŋ* 'blau machen', *gǽlb* gelb, *bɩau̯n* braun, *gǽɩn* gern, *oŋgļ* Onkel, *dandę* Tante; *ɛ̄* für *ë* in *sǣ* sehe, *gəsɛ̄́* gesehen, *ǣmfáls* ebenfalls; *ōnę* ohne, *mōnd* Mond, *man* Mann, schon bedenklich breit machen; das Obersächsische stösst über die Städte seine *nē* nein, *kēnɩ̣* keiner, usf ab. Man entblödet sich gleichwohl nicht Falsches gegen ma Richtiges in Kauf zu nehmen: *ɩχ hṓ ı̀nę gəsɛ̀* ich habe Ihnen (für Sie) gesehen, *ɩχ hṓ śɩs gḗm* ich habe Sie (für Ihnen) es gegeben hat mancher Ländler schon dem 'feinen' Städter abgelauscht. Der Soldat, der 'drinnen in Sachsen' gedient, bringt fast regelmässig das obers *ōχ* auch, *kófmàn* Kaufmann, *nē* nein, *śɩn* (mhd *śɩn*) sind, usf mit, legt sie aber bald wieder ab.

4. Trotz aller dieser doch meist neuerlichen zersetzenden Einwirkungen kann man von den Bewohnern von Trieb [= T] behaupten, dass sie sich im Verkehr besonders mit ihresgleichen nur der einheimischen Ma bedienen, dass ihnen das Bewusstsein von dem ma Richtigen noch sehr lebendig ist. Dies Urteil gilt von der gesamten Landbevölkerung, besonders soweit sie dem Bauernstande angehört. Immerhin kann man aber auch da noch Unterschiede

im geographischen Nebeneinander (zB Weischlitz, Bobenneukirchen/Ottengrün in SV) bemerken, die ähnlich den oben nach den Altersstufen oder nach den letzten Dezennien gemachten sind. Alles hängt von dem grösseren oder geringeren Grade des Verkehrs ab.

II. Die Mundart der Nachbarorte.

§ 4. Treten wir aus dem Rahmen der Gemeinde hinaus und betrachten die Beziehungen zu den Nachbarorten.
1. Die nächsten bestehen natürlich innerhalb einer Schul- und Kirchengemeinde zu Steinsdorf [= St] im W. Seine (früher) engeren Verkehrsbeziehungen zu Plauen lassen es gegen T mit dem S schon *æ* für weite *e*-Laute sprechen: *šlæχd* (mhd *slëcht*), *ræχt* (*rëcht*), *wæχln* (*wecheln* zu *wæhen*), *šæfl* (*schüffel); *ǣ* für diese *e*-Laute in der Länge: *bfǣɪ* (*pfērt*), *šwǣɪ* (*swǣre*) gegen *ǟ* in T; was nicht verhindert, dass es die alte lautgerechte Form *dsānę* (*zěne*), weil *ě* vor Nasal stehend, gegen T erhält. — Der Schule und Kirche sind wohl eine ganze Reihe Lehnformen und -wörter zu verdanken, wie *ɑɪns* eins, *dswaɪ* zwei usf in mehr schulmässiger Zählung, *dsæn* zehn, *feɪdsŋ* vierzehn usf, *waɪn* Wein, *fǣdɪkæsdļ* Federkästchen, *fɪom* fromm, *dū māɪn gòd!* du mein Gott!, *sēlę* Seele, *dnādę* Gnade, *gidę* Güte, *dindę* Tinte, *gɪaɪdę* Kreide, *lɪnɪǟl* Lineal, *ēfan-* oder *ēfaŋgēlɪum* Evangelium, *āmən āmŋ* amen, *ægsǟm* m f n Examen, *dɪ hæɪ Jēsus* der Herr Jesus, *gaɪsd* Geist, *áldǟɪ* m n Altar, *hosdɪę* Hostie, uam.
2. Nach O liegt Liebau (= L; DUNGER R 1256), einst Frohnhof für die Bauern von T, jetzt so gut wie ohne Verkehr damit. Man spricht da schon *ā* für mhd tl *ë* und *ǟ*: *nu ǟm* (mhd *nu ëben*), *ə nǟms bɪl* (*ein ëbenez bizzel*) ziemlich viel, *gɪwǟsŋ* oder *-wǟn* gewesen, *bɪādļ* Brettchen ua, *fǟln* (*vǣln*) fehlen ua, wo T noch *ē* hat; ferner *dū* (*tuon*) gegen *dā* (*tōn* oder *tān*) tun in T uam.
3. Von S nach N, zwischen Jössnitz [= J]-T-Kossengrün [= K] sind die Unterschiede stärker, damit sicherlich auf die Richtung der Kolonisation hindeutend:

mhd *gëld,* *näpfel, dræhseln, hüchtoderhecht, ëben*(ahd *ëbano*),
K *gald,   nabfl, dragsln, haxd,   ŭm,*
T   "   "   "   *heχd, ēm,*
J *gæld,   næbfl, dræ̣gsln,   "   "*

mhd *nëbel, *trüger* oder *treger, kǣse, pfërt, vlëderwisch,*
K *nāwl,   dräxı,   kǟs,   bfäı,   flǟducıš,*
T *nēwl,   drēχı, kēṣ,   "   "*
J   "   "   "   *bfǟı,   flǣ́ducıš,*

mhd **hämel, swǣr, *höu-sǣmelich, tuon* oder *tön, nihtes*(*niht*),
K *hāml,   šwäı,   hä́ısǣ́mlıχ,   dū,   nišd,*
T   "   "   "   *dā́,   "*
J *hǣml,   šwǟı,   hä́ısǣ́mlıχ,   "   *nigs,*

md *zwē* oder obd *zwei,*   md **ich nëme,* obd *ich nime,*
K *dswē,   iχ nam,*
T   "   *iχ nim,*
J   *dswā,   "*

md Imp **nëm,* obd = mhd *nim,* md **ich sëhe, *sëhe* im Imp
K   *nam*   *iχ sä   sä*
T   *nim,*   *iχ sïę·   sïę·* (< **sē*)
J   "   "   "

4. Trieb inmitten der beiden Orte im S und N hat mit beiden das Prinzip gemeinsam, mit der Kürze (im freien) und mit der Länge (im kombinatorischen Lautwandel) die für *e*-Laute am Orte weiteste Qualität zu verbinden; mit dem N die Regel: in der Weite wird *ä* gesprochen, und zwar betrifft das die weiten *e*-Vokale (bei der Kürze im freien) oder die weit gebliebenen (bei der Länge im kombinatorischen Lautwandel); mit dem S: Kürze im kombinatorischen und Länge im freien Lautwandel wird zu *ē* verengt.

Anm. Die verschiedene Behandlung der *e*-Laute in der Länge weist darauf hin, dass schon zur Zeit der Dehnung die gleichen graduellen Unterschiede der Weite von S nach N vorhanden waren. Wenn es auch im N *tēŋə* (mhd *rëgenen*) heisst, so kommt wieder eine andere Art kombinatorischen Lautwandels in Betracht: *ë* wurde durch *g* palatalisiert, und *ëg* steht so fast im geraden Gegensatz zu **äg,* wie in **trüger,* dessen *ü* sich zu *e* als gefühlter Umlaut oder wegen gutturaler Färbung im Vergleich zu *ë* in diesem Gebiete gewandelt hat. — $i\chi$ *näm* usf ist wie nhd *ich nehme* Ausgleichungsform nach obers-thür Manier gegen obd $i\chi$ *nim* usf: der S hat also Lautentwicklung, der N Formenausgleichung im Präs der Verben der III., IV., V. Ablautsreihe. S und N stimmen aber überein — gegen das Nhd — in der Regel: die Imperativform ist gleich der 1. Sg Ind Präs, und ich stehe nicht an, die Form *bi* (mhd *bis*, *wis*) sei als unter diesem Gesetze entstanden anzunehmen.

5. Für das 'Ruscheln' (*żúšļn*) auf dem Eise lassen sich von Rdf-Klosch (w b Pl) bis nach K schon folgende verschiedene Belege erbringen: *šifln* Rdf / *heldsln* (mhd *hǣlizeln* nach *hēl* < *hǣle*) Rdf Kloschw / *dsu-* oder *dšušln* (mhd *schuseln*) Kloschw / *hældsln* (direkt nach mhd *hǣlzeln*) Pl / *šiflņ* Haselbr / *šin(d)zn* (mhd *schindern*) Vogtsgr / *dšinzn* (mhd *schinern*) J / *šifzn* T / *dšinzn* K-Rentzschmühle Limbach Rb — ohne dass die übrigen am Orte unbekannt sind. — Auf kleinere Abweichungen, wie *foiŋsd* (mhd *volgens* = *rollens*) T usf und *foiŋ* (mhd *vollen*) K usf, *ágəfàŋd* T und *ágəfàŋe* 'angefangen' K, sei nur nebenbei aufmerksam gemacht.

6. K hat ferner *Kúnsdòrf* Kunsdorf gegen *Kúsdòrf* in T uä; Mylau, Netzschkau, Elsterberg, bei Greiz und Zeulenroda für mhd *schöne* bereits *šun(d)*, T *šā†ša*: Andeutungen, dass wir hier der Grenze des Abfalls des *n* nahe sind, also der ehemaligen Nasalierungsgrenze.

§ 5. 1. Die konstatierten Unterschiede, am grössten von N nach S, lassen eine west-östliche Richtung der Erscheinungsgrenzen für die hiesige Gegend erwarten.

2. Trieb liegt auf der *ë*-Linie, dh der Grenze der oben charakterisierten Lautentwicklungen des mhd *ë* und nicht fern von der (ehemaligen) Nasalierungsgrenze und der damit in Zusammenhang stehenden Vokalentwicklungen von mhd *-ōn* und tl *-on* > *ā*, *-ēn* und tl *-ön* > *ǣ*: *dā* (mhd *tōn*) tun, *dįfā* (*darvon*), *lǣ* (*lēne*), *ágəwǣnəd* (*an-gewönheit*); sodann an der Grenze der Erhaltung der mhd 1. Sg Ind Praes, des Imp der Verben der Ablautsreihen III IV V.

3. Die ziemlich auffälligen Unterschiede an der Landesgrenze erwecken den Anschein, als ob durch sie vielleicht jener Lautstand mit bedingt sei; aber der gleiche Lautstand in den Gegenden der sächsischen Städte Elster-

berg-Netzschkau-Mylau-Reichenbach wie in K, im reussischen Unterland [= RU]) weist dies direkt zurück. Politische Grenze braucht demnach noch keine Sprach- oder Lauterscheinungsgrenze zu sein.

4. Der Lautwandel ist unter den gleichen Bedingungen ausnahmslos erfolgt, also gesetzmässig, nach Lautgesetzen. Mhd *ë*, *æ* und *ü* sind in K gewandelt zu *ā* (*bāsn* Besen, *fäln* fehlen, *gāxṛ* Jäger usf), in T zu *ē* (*bēsn*, *fēln*, *gēxṛ* usf) wie in J; dieselben Beispiele, die in T unter kombinatorischem Lautwandel *ë*, *æ*, *ü* > *ā* haben, erscheinen auch im S unter diesem Einfluss mit dem der Kürze zukommenden weiteren Laut: *äwṣgrĭ* Ebersgrün, *brāxḷn* (mhd *brëgelen*) schmoren, *sä* (*sën) sehen, *wāz* wer; *swāz* schwer, *gǟliŋ* (*gæheligen) jählings; *sǟmę* schämen, *hǟdl̥ę* (*hüderlīn) Waschläppchen in T: *ëwṣgrĭ*, *brǣxḷn*, *sǣ*, *wǣz*; *swǣz*, *gǣliŋ*; *sǣmę*, *hǣdl̥ę* im S — also schärfste Scheidung in den Lautreihen sogar in benachbarten Orten.

Dieselben Unterschiede sind wahrzunehmen zwischen zwei andern Orten, zB der Treuenschen Gegend, die gar nur drei Minuten von einander entfernt liegen (Pfaffengrün im NW / Hartmannsgrün im SO). Seit einem halben Jahrtausend haben sich diese ohrenfälligen Unterschiede scharf erhalten und trotz des regen Verkehrs zwischen den Orten K und T ist nicht die geringste Vermischung eingetreten. Nur so kann man verstehen, dass mhd (*ich*) *sëhe in K > (*iχ*) *sä*, in T > (*iχ*) *sïę* wurde. Dass die Scheidung so streng und so gut bewahrt ist, hat mit zum Grunde, dass die reichsten Lautreihen hier in Frage kommen.

§ 6. Anders sieht es aus, 1) wenn an einer Grenze Bevölkerungsmischung stattgefunden: in Lerchenhügel im reussischen Oberland [= RO] an der bayrischen Grenze hörte ich aus dem Munde einer Wirtin innerhalb weniger Minuten *sǟ* (= S), *šu* und *šun* (= NW) für mhd *schöne*.

2) wenn die Mundartformen hd Lautsubstitutionen weichen müssen: in Bobenneukirchen im südlichen sächsischen Vogtland konnte ich in einer Familie folgende interessante Beobachtung machen: der Vater, die älteste

Person, ein etwas altfränkischer Herr, sprach *laŋ lāŋg* (mhd *lanc*), *bāg bāąg* (*banc*), *hūd* (*hunt*) uä — ohne dass ich mit dem blossen Ohre Nasalierung hätte heraushören können —, die Mutter mit den Kindern aber *laŋg, baŋg, hund* etc.

3) wenn es sich um einzelne vielgebrauchte Wörter handelt: J spricht mit dem S *dswā* (mhd *zwei*), T und K seit alters mit dem N *dswē* (md *zwē* — dies ist richtig, denn alle *ei* werden ohne Ausnahme zu *ā* in T wie in K!); aber auch J fängt an, das *dswē* zu sprechen, nicht durch Entlehnung von T oder K her, sondern von der obers Umgangssprache über Plauen. J hat *nigs*, T und K *niśd*; das hindert nicht, dass T und K einmal *nigs*, J einmal *niśd* anwendet: dann geschieht es im figürlichen Sinne, zur Erreichung bestimmter Effekte; dem gewöhnlichen Hausgebrauch dient im S *nigs*, im N *niśd*.

III. Lauterscheinungsgrenzen des Vogtlandes.

§ 7. Mit diesen Voraussetzungen ist bei der Aufstellung und Interpretierung von Lauterscheinungsgrenzen zu rechnen. Damit habe ich schon ausgesprochen, dass es Lauterscheinungsgrenzen tatsächlich gibt. Dass sie sehr oft nicht völlig scharf sind, gleich Linien, zeigt nur, dass wir nicht mehr die ursprünglichen dem und dem Orte zukommenden Lautverhältnisse vor uns haben, oder dass die jetzige geringere Sesshaftigkeit oder einstige Mischung der Bevölkerung daran schuld ist. Erst auf Grund dieser Grenzen kann eine Umgrenzung und innere Abgrenzung des Gebietes, ferner eine Einteilung in Untermundarten vorgenommen werden.

§ 8. Nach Massgabe des jetzigen Zustandes der Bauernsprache ziehe ich im folgenden Linien, die das Verbreitungsgebiet von Lauterscheinungen oder besonders wichtigen Einzelwörtern darstellen und ordne sie nach der Wichtigkeit für die Ma-Grenzen. Vgl hierzu die beigegebene Karte.

1. †Nasalierungsgrenze:

N	ma̱n,	wa̱ın,	sūn,	šun,	b.ıa̱un,	šīn,	dūn:
S	mā,	wa̱ı,	sū,	šā šu,	bıa̱u,	šïę oder šī,	dū oder dā:

N Ludwigstadt-Ossla-Heberndf-Neundf-Lobenstein
S Teuschnitz-Titschendf-Schlegel-Lichtenberg-Blan-
NW -Ebersdorf-Saalburg-Schleiz   -
SO kenberg-Frössen-Blintendf-Tanna-Mielesdf-Mühl-
NW Förthen-Zeulenroda-Wetzendf   Waltersdf
SO troff-Pausa-Elsterberg   - Greiz - Brunn
NW -Teichwolframsdf
SO -Neumark   - Werdau-Zwickau usw ostwärts

durch das Erzgebirge.

Anm 1. Diese Linie, die zunächst nur für echtes ma̱n/mā 'Mann' gilt, kann streng genommen nur auf die unter gleichen Bedingungen stehenden Wörter übertragen werden, wie sūn,'sū 'Sohn', uå; bei wa̱ın 'Wein' ist hie und da hd Einfluss schon möglich. Von den andern angeführten Beispielen gilt die Grenze nur ungefähr für šin/šī šïę 'schön' und dūn/dū dā 'tun' šun 'schon' ist im O weiter nach S zu hören, ebenso bıa̱un 'braun' auf der ganzen Linie. Vgl Spr-A mann, wein nach AfdA XIX 200 ff, 279 ff. — Vgl aber Ha̱ımàn für Ha̱ımä††, má̱n sa̱i oder má̱n sŏd sa̱i kräftig (genug) sein, wi fil má̱n? wie viel Mann? (T, auch im S, zB F in SM).

2. Grenze des Abfalls des Endungs-e:

N	gænsę,	la̱ıdę,	afę,	mīdę,	balę,	(nax hausę) oder hēmę:
S	gæns,	la̱ıd,	af,	mīd mī,	bal,	hām oder ham:

N Probstzella-Leutenberg-Altengeseess   Weiss-
S Ilmenau-Ossla-Gama   - Lodra -
N bach-Ziegenrück-Weckersdf-Zeulenroda-Auma
S   Burgk-Schleiz   -   Pöllwitz
NW -Hohenleuben-Wetzendf (Unterdf,-Berga-Zwirtzschen
SO   -   Wetzendf (Oberdf) - Greiz - Teichwolf-
N -Seeligenstädt-Blankenhain-Krimmitzschau-Glau-
S ramsdorf   -   Werdau - Zwickau
N chau
S ─── usw ostwärts durch das Erzgebirge.

Anm 2. Für die angegebenen Beispiele und die durch sie vertretenen grammatischen Formen ist die Grenze im ganzen gültig. Grammatische Forderungen können das Lautprinzip kreuzen, und so ist es nichts Befremdendes noch weit nach dem S $d\chi$ bràune húnd gegenüber bràu (ganz im S; im status absolutus) zu hören. Diese Linie ist natürlich auch die Grenze für Geltung der Regel: der N bevorzugt die Synkope, wie in kermse (mhd kirchmèsse), der S die Apokope, wie in kermes; vgl die O-N: $M\bar{a}rl\chi y$ Eichigt b $\ddot{O}/M\bar{a}\chi$ $M\ddot{e}\chi$ (< im Eichich) Eichigt b Ziegenrück-Saalfeld. Vgl Spr-A: gänse, leute, affe, müde, balde, hause, braune nach AfdA XVIII 405 ff, XX 219 ff, 328 f, XIX 351 ff, 283 ff, XX 215 f, 212 ff. — Grenzbild: müd$_{\varepsilon}$ müde, nɔx hæuse nach Hause, aber nur hēm heim, b$_{\textit{ul}}$ bald, in Kopitzsch (bei Triptis-Neustadt).

3. ë-Linie:

N	gald, nāwḷ, äm, fädz;		mhd hæml;	mhd æ: kæs; gäxz, haxd:	
S	gæld, nēwl, ēm, fædzoder fédz, hæml;			kēs; gēχz, heχd:	

N   Teuschnitz-Ossla-Neundf-Lobenstein-Blankenstein
S   Titschendf-Schlegel-Lichtenberg-Blan-
NW -Harra-Saaldf-Künsdf-Saalburg   -
SO kenberg-Frössen-Langgrün-Seubtendf-Tanna-Koskau-
N   Mielesdf - Schleiz-Lössau - Leitlitz - Pausa - Oberpirk
S   Mühltroff - Thierbach
N   -Bernsgrün - Fröbersgrün - Trieb - Liebau - Helmsgrün
S   -Syrau-Steinsdf- Jössnitz   Pöhl
N   -   Pfaffengrün-Buchwald-Weissensand-Schnei-
S   -Gansgrün-Gospersgrün-Hartmannsgrün-Treuen-Wetz-
NO denbach-Reichenbach-Wildenau-Schönheide-Rauten-
SW larsgrün-Schönbrunn- Lengenfeld-Rodewisch-Auer-
O   kranz-Neudeck (Böhmen).
W   bach-Jägersgrün-Schöneck.

Anm 3. Die Fortsetzung hätten zwei Linien zu bilden, da dann je eine Linie für näwḷ/nēwḷ 'Nebel' und käs/kēs 'Käse' zu ziehen ist. SObpf hat zT kās neben newl. Vgl aber Spr-A felde nach AfdA XIX 285.

a) sëchs-Linie:

N sags: Ossla (sagsʏ)-Ruppersdf-Birkicht (w von Ebersdf)
S segs: Lobenstein   -   Ebersdorf
NW -Lodra-w von Zeulenroda-Hohenleuben (und Reichen-
SO -Schleiz   -   Langenwetzendorf

N fels)-Frankenthal (bei Gera)-Endschütz-Mosen (b Berga)
S -   Gera
N -Waltersdf (b Berga)-Teichwolframsdf-Altenbg Grenze.
S -   Greiz-Neukirchen (bei Krimmitzschau.)

Anm 4. Vgl Spr-A *sechs* nach AfdA XVIII 411 ff, wo als Grenze 'Ziegenrück-Altenburg' angegeben.

b) *schwëster*-Linie:

NW *swasdı*: Ruppersdf (bei Ebersdorf)-bei Zeulenroda
SO *swesdı̣*: Naila   -   Koskau-Pausa   -
NW -Hirschbach (b Hohenleuben)-Reichenfels-Wilde
SO südl bei Hohenleuben - Trieb   -
NW Taube-Gommla (bei Greiz)-Berga-Zwirtzschen (bei
SO Kossengrün-Elsterberg-Greiz (zT)-Netzschkau
O   Berga)-Werdau-Rautenkranz (b Auerbach).
W   -Lengenfeld.

Anm 5. Ebenso haben *nasd næsd/nesd* 'Nest', *gasd(ʒ)n / gesd(ʒ)n* 'gestern' ihre besondere geographische Verbreitung, weil sie kombinatorischem Lautwandel unterliegen können oder nicht. Genaueste Erhebungen würden auf Grenzlinien führen, die südlicher sind bei *nëst*, nördlicher bei *gëstern* (*sëchs*, aber auch schon bei *schwëster*) als die oben angegebene *ë*-Linie. T hat *nasd* entsprechend der *ë*-Linie, aber *gesdṇ* wie *swesdʒ* entsprechend dem kombinatorischen Lautwandel des *ë* zum engen *e*. Vgl im übrigen die *e*-Laute, wo die einzelnen Belege aufgeführt sind.

4. *nichts*-Linie:

N *nišd*: Saalfeld   Ranis
                    - Leutenberg -
S *nigs*: Bamberg   bei Ziegenrück
N -Pössneck-Auma-Weckersdf-Mühltroff-Thierbach
S -†Pössneck-Schleiz   -   †Mühltroff   -
N -Pausa-Bernsgrün-Steinsdorf-Trieb-Wetzlarsgrün
S Syrau-Jössnitz-Plauen   -   Möschwitz
N   Falkenstein.
   -Treuen-
S   Schöneck.

Anm 6. Dass das obers-thür *nišd* weiter südlich, besonders in den sächsischen Städten, schon zu hören, ist nur natürlich; es ist eben nicht altvogtl mundartlich dann, sondern Formsubstitut aus einer andern Ma. — Soweit *nigs* reicht, spricht man auch *sag(s)d sog(s)d* sagst. *g(ə)sågd g'ə,sógd* gesagt, natürlich nur, wo sich *g* als Konsonant erhalten hat: T hat †*nigs* wie = *sogsd gəsógd.*

5. *nicht*-Linie:

N *niχ*: Leutenberg-Ziegenrück-Pössneck-Auma
S *ned*: Lodra - Volkmannsdorf -
N -bei Triebes (zT) - Hohenleuben - Kl Draxdf
S Triebes - Staitz - Döhlen (Kl Draxdf
N -Uhlersdf-Steinsdf-Weida-Liebschwitz und Wünschendf
S -Gommla)-Wilde Taube (bei Greiz)-Greiz-Nitscha-
N (b Berga-Gera)-Blankenhain-Zwickau-Zschopau.
S reuth (bei Berga)-Langenhessen (bei Werdau).

Anm 7. 'noch nicht' müsste eigentlich im N *nuniχ, näniχ* — im S *näd* heissen; *näd* überschreitet sein Gebiet nicht, wieder aber *näniχ* — weil man es, wie Formeln zB *nox näniχ, nòx néd, nox näd* beweisen, gar nicht für damit identisch hält und darum ebensogut als eine -*iχ*-Bildung auffasst, die südlicher reicht: *nəniχ* wie *oldsiχ* sogleich findet sich in BV. Das sächsische *niχ* ist natürlich wieder in die Städte und Fabrikgegenden im sächsischen Vogtland öfter vorgedrungen. -*əd*-Suffix und -*iχ*-Suffix (mhd -*ëht, -oht,* bezw auch -*end*) sind somit auch getrennt: *bä-əd/bäsiχ (*bəizëht)* bissig, zornig.

6. Diminutivbildungslinie:

NW -*χen* oder -*χŋ*: Blankenburg
SO -*l, -lę* oder -*liχ* *): Leutenberg-Lodra - Pössneck
NW -Kloster Lausnitz-w bei Gera - Gera - Ronneburg
SO -Volkmannsdf - Kraftsdorf Weida
NW -Zwirtzschen - Schmölln.
SO Langenhessen (b Werdau).

Anm 8. Diese angebliche obd Grenze kann und wird wohl nie durch eine strenge Linie festgestellt werden können, da die hd Sprache beständig mit herein spielt. Aus den meisten dieser angegebenen Orte liegen, weil eben an der Grenze, Wörter mit beiden Bildungen vor. Gera hat *šnágŋ-, šďiniɽdshäisl,* Schnecken-, Steinertshäuslein, *süxs mäisl* auch 's Mäuslein ua, aber auch *haisχŋ* Häuschen; ich halte die ersteren für alt, ursprünglich, das letztere für Entlehnung, nördl Eindringling. Pössneck (und weitere Umgebung) spricht *mænl* Männlein usf, *ëχhërl* (mhd *eichhörnel*) usf, *faiχliχ* (**violch[en]*) usf, aber auch

*) Kombinationsprodukt aus beiden oder urspr Kollektivum?

schon *latςχη* wärmendes Ofenfeuer, usf. Noch nördlich von Gera, in Köstritz, heisst es *uŭdkœbļ* Rotkäpplein, *dåndǝmænļ* Tanzmännlein. Höchstens kann von der Grenze einer obd Lauterscheinung die Rede sein, nicht aber in dieser echt osterländischen Gegend von obd Grenze.

7. **Grenze des hd Konsonantismus** und zwar der Verschiebung des $pp > pf$ und $mp > mpf$:

N und O *b, mb*, zB in *kob   kub,   ebļ ɛbļ, æbļ, ɨdumb*:
S und W *bf, mbf*, zB in *kobf,   ebfļ ɛbfļ,   ɨdumbf*:

N   Kahla
S Tannenroda-Rudolstadt-Saalfeld-Orlamünde-Pöss-
N -Neustadt-Weida-Gera (aber *mf*)-Mosen-Blankenhain
S -neck-Hohenleuben-Hohenölsen-Berga-Seeligenstädt
O -Kleinhessen (bei Krimmitzschau)-Oberkrinitz-Rauten-
W -Teichwolframsdorf - Steinpleis - Lengenfeld - Jägers-
O kranz-Brunndöbra-Klingenthal-Zwota-über Karlsbad
W grün-Schöneck.
O bis Theusing in Böhmen.

Anm 9. Hier kann wie oben bei 6 ebenfalls von einer strikten Linie für alle Beispiele nicht mehr die Rede sein, da nur zu oft das Nhd mit seinen unverschobenen Formen, zB *p(ļ)umpǝ* gegen ma *bflumbf*, beeinflussend ist. Es wird Aufgabe weiterer bis ins einzelnste gehenden Statistik sein, die nördlichsten verschobenen Formen von Wörtern, die nicht im Hd vorkommen, festzustellen und aufzuzeichnen; Gleiches gilt von Linie 6 für -ļ.

8. Grenze des Abfalls des anlautenden *p* in *pf*:

O und N *f*, wie in *fäɪ (phërd)* uä.
W und S *bf*, wie in *bfæɪ* Pferd.

Nach dem Spr-A *pfund* AfdA XIX 103 ff ist eine ungefähre Linie 'Rudolstadt-Dresden' Scheide zwischen nördl *f* und südl *bf*. Ich kann dem hinzufügen, dass südlich von einer Linie Rudolstadt-Greiz-Werdau-Zwickau *bf* in den gewöhnlich gebrauchten Wörtern herschend ist.

Anm 10. Ich unterlasse es gleich von vornherein eine strenge, von Ort zu Ort scheidende Linie aufzustellen, da eine solche schlechterdings nicht gezogen werden kann. Dagegen verweise ich auf einige besonders bezeichnende Beispiele im S jener ungefähren allgemeinen Grenze: Titschendorf (RO) spricht *Falds* Pfalz; T *fildədsix* (mhd *phűlwesziech*e) gegenüber dem einfachen *bfıl* 'Pfühl' als einziges Beispiel für *pf* vor Vokal; der Name Pfretzschner wird in K (SU), T (SM), Bös und Bob (SOb) *Frēdɪnts* ausgesprochen, in Bob auch *Bfrēdɪnts*; Greiz hat parallel *frīmę* Pfriemen und *flumf(ę)* Pumpe für *bfrīmę* und *bflum(b)fę*, zumeist neben *bfr-* und *bfl-* schon *fr-* und *fl-*Formen. Allgemein kann gelten: *bfr- bfl-* erleichtert sich eher in seiner Aussprache zu *fr- fl-*; dies dringt demnach auch südlicher als *bf-* vor Vokal > *f-*.

9. *ei*-Linie I:

NW	*ē* (ē ē), zB *hās* heiss, *nā* nein, *dlǣdı*	Kleider:	Koburg	
SO	*ā* (*ū*), zB *kās*, *nā*, *dlädı* :	Bamberg	-	Posseck
N	-Sonneberg-Probstzella	-	Neundorf-Loben-	
S	(b Teuschnitz)-Ludwigstadt-Schlegel (b Loben-			
N	stein - Blankenstein	- Lerchenhügel (b Hirschberg)-		
S	stein)-Lichtenberg			
W	Ebersdf-Saalburg-Gräfenwarth-Möschlitz (b Burgk)			
O	Rayla (bei Saalburg) - Tanna - Mielesdorf			
NW	-Schleiz-Lössau-Weckersdorf-Leitlitz-Zeulenroda			
SO	- Mühltroff - Thierbach-Pausa -			
N	-Pöllwitz - Welsdorf-Hohndorf (b Elsterberg)-Greiz			
S	Dobia-Arnsgrün-Kunsdf-Görschnitz-Elsterberg-Klein-			
NW	-Reinsdorf	- Landesgrenze -	Reuth - Werdau	
SO	gera-Netzschkau		Schönbach	
NW	-Zwickau usw.			
SO	-Neumark usw.			

Anm 11. Diese Linie scheidet alle *ǣ/ā* für mhd *ei*, auch *flǣš/flāš* Fleisch, *dswē/dswā* zwei, sobald nämlich im W *zwei* das Etymon ist und nicht etwa, wie in T, das md *zwē*. *flaıš*, *flaıšı* 'Fleischer' sind beiderseitig schon häufig im Gebrauch. Stehen im Grenzgebiet oder auch sonst *ē/ā* gegenüber, so hat man es bei *ē*-Formen schon mit obs-thür Entlehnungen zu tun, wie bei *nē* nein, *kēnı* keiner, *wēs* weiss, *hēs* heiss ua. — Die parallelen Entsprechungen von mhd *ou* decken sich nicht mit dieser Grenze. — Besondere Grenzen haben: *dswā/dswē* (md *zwē*) und *bādę /bēdę* (mhd *beide/*md *bēde*), dazu *ánedswandsıx/*

enędswcàndsįx einundzwanzig. T hat *dswē* schon seit alters, wie *bēde* beide, *miet dswē bēdn* wir zwei beiden; *ęnędswcàndsįx* ist zumeist wieder *ánędswcàndsįx* gewichen; *ǝndswǎ* giebts (gabs) nicht neben *fįnánį* (< *von einander*) entwei: in T war also die Grenze zwischen den obd und mdl Formen (*zwē*, *ēns*, *bēde*) und ist sie zT noch. *dswǎ/dswē*, *bādę/bēdę* scheidet ungefähr Linie 4 (oben S 15, *bēdę* reicht aber meist südlicher. J hat noch *ęnędswcàndsįx* usf, Grobau (SW von SM) kennt nur *ęnędswcàndsįx* usf. Der Verlauf der genauen Begrenzung im weiteren und die geschichtliche Entwicklung bleibt zu untersuchen.

10. *ei*-Linie II:

NW hat einfache Entwicklung: mhd $ei > \bar{a}$ (*ă*), zB
SO hat doppelte Entwicklung: mhd $ei > \bar{a}u$ uä und $\bar{a}i$ uä, zB

NW $\bar{a}$ (*ă*) Ei, $\bar{a}r$ (*ăsz*) Eier, *mādļ* (*mădļ*) 'Maidel':
SO $\bar{a}a$ uä Ei, $\dot{a}i\dot{e}r$ uä Eier, *maidļ* uä 'Maidel':

W	Kemnat-	Wunsiedel-	Gefrees-Weissenstadt-Kir-
O			Röslau -

W chenlamitz-Rehau-Regnitzlosau (bei Hof)-Posseck
O Marktleuthen-Selb-Mähring (bei Asch)-Gottmanns-

N	-	Würschnitz	
S	grün (b Rossbach)-Ebmath-†bei Bobenneukirchen		-Adorf

N -Markneukirchen-Schöneck-Klingenthal-Grass-
S -bei Markneukirchen-Schönbach -
NO litz-ıöstl von Bleistadt-Schönlind-Neudeck bis Manetin«.
SW Bleistadt.

a) Die mit der Entwicklung dieses *ei* im Zusammenhange stehenden Erscheinungen haben Grenzen, die mehr oder weniger abweichen:

Mhd $ou >$ $\dfrac{\text{N } \bar{a} \text{ ă, gekürzt} > a\ ă}{\text{S } \bar{a} \text{ und } \dot{a}u\ au \text{ uä, gekürzt} > a \text{ und } au\ au \text{ uä.}}$

Mhd $öu >$ $\dfrac{\text{N } \bar{a} \text{ ă, gekürzt} > a\ ă}{\text{S } \bar{a} \text{ und } \dot{a}i \text{ uä, gekürzt} > a \text{ und } a_i \text{ uä.}}$

Mhd $\bar{u} >$ $\dfrac{\text{N } au\ au, \text{ gekürzt} > a\ a}{\text{S } \dot{a}u \text{ und } \bar{a} \text{ uä, gekürzt} > au \text{ und } a \text{ uä.}}$

Mhd $\bar{\imath} >$ $\dfrac{\text{N } ai\ ai, \text{ gekürzt} > a\ a}{\text{S } \dot{a}i \text{ und } \bar{a} \text{ uä, gekürzt} > a_i \text{ und } a \text{ uä.}}$

Alle diese obpf Lauterscheinungen greifen in nördlichere Gebiete ein, zT, namentlich der Wandel von mhd $\bar{u}$ und $\bar{\imath}$, bis nach T.

b) Die *ei*-Linie II ist strengere Scheide für den dem Obpf charakteristischen Lautwandel von mhd *uo* (*huot*), *üe* (*hüete*) und *ie* (*wie*) >

frk $\bar{u}$ (*hūd*) und $\bar{\imath}$ (*hīd, wī*)
obpf *òu* (*hòud*) und *èi* (*hèid, wèi*).

c) Eine dritte lautliche Erscheinung ist damit auch ungefähr abgegrenzt: der Zusammenfall des im N gesonderten mhd $\bar{o}$ (*rōt*) und $\bar{a}$ (*rāt*) im S > *àu*, sowie des mhd $\bar{æ}$ (*ræte*), $\bar{e}$ (*snē, rē*) und $\bar{æ}$ — (soweit gefühlter Umlaut zu $\bar{a}$ — (*rætsel*) im S > *æi*:

N *żu̯ed; roud* oder *zōd; zi̯ed, śniẹ, rei* oder *zē, reidsl̥* oder *zēdsl̥*.
S *ràud; ràid, śnài, ræi ræidsl̥*.

11. Abgrenzung des Lautwandels von
1) mhd *uo* (*kuo*) und tl *u* (*du*), 2) *üe* (*küe*) und tl *ü* (*müle*), sowie *ie* (*wie*) und tl *i* (*ich*) >

W 1) *ou òu ō* uä (*kou, dou*), 2) *ei èi ē* uä (*kei, meil; wei, eiχ*):
O 1) $\bar{u}$ (*kū dū*),   2) $\bar{\imath}$ (*kī, mil; wī, īχ*):
W bei Enchenreuth - Helmbrechts - Schauenstein
O Marktleugast - Münchberg -
W -Selbitz-Selbitz -scheide- Naila - Berg - Venzka ,b
O Saale Bruck-Joditz-Isaar-Zedt-
W Hirschbg)-Töpen-Tiefendf-Münchenreuth-reussische
O witz - Feilitzsch Grobau - sächsische
W
— Landesgrenze - Wolschendf (b Zeulenroda).
O Zeulenroda.

Anm 12. Die *ei* für mhd *ie* und die *ou* für mhd *uo* und tl *u* sind nördlich von der Linie Zeulenroda-Ziegenrück-Leutenberg nicht (mehr?) belegt. Dagegen setzen sich (heute sporadisch) *ei ē* für tl mhd *i* nordwärts fort.

12. **Abfall des Infinitiv -*en*, bezw -*n***
tritt jenseits einer Linie »Koburg-Altenburg« ein: W *maxj*/
O *maxŋ*; dann N *maxɛ̨*/S *maxən maxŋ* machen.
NW Teuschnitz-Neundf(b Lobenstein)-Friesau-Ruppersdf
SO   Kronach-Steben-Blankenberg-Lobenstein-Röp-
NW -Gama-Leutenbg-Schmorda = Puch (b Ziegenrück)
SO   pisch   -   Saalburg   -
NW -Pössneck-Auma-Staitz (bei Auma)-Wünschendf (bei
SO   Schleiz-Hohenleuben-Steinsdorf (bei Weida)-Weida
N   Weida)-Mosen   Blankenhain (b Krimmitzschau).
                       -Berga-
S   Werdau-Langenhessen(b Werd).

Anm 13. Bis kurz vor Probstzella-Leutenberg-Ziegenrück reichen die stets ohne -*en* auftretenden Infinitive. Bei den Infinitiven, deren Stamm auf Nasal oder Vokal auslautet, treten wieder andere Verhältnisse ein.

IV. Charakteristik und Herkunft der Mundarten des alten Vogtlandes.

A. Allgemeines.

1. Abgrenzung und Herkunft.

§ 9. Schon durch diese zwölf Hauptlinien, die zum Teil hochbedeutsamer Natur, weil man sie auch bei der Einteilung der gesamten deutschen Dialekte als Hauptscheiden benutzt (wie die Linien 1 2 6 für obd/md, die Linien 7 8 und wohl auch 4 5 für westmd/ostmd), wird es erwiesen: die Mundart auf dem Boden des alten Vogtlandes, auch sogar im heutigen sächsischen Vogtland, ist keine einheitliche. Ein von keiner dieser Linien durchschnittenes Gebiet, das im W und N und O aber durch sie umfasst, das dadurch auf die Städte Plauen (Hauptstadt des sächsischen Vogtlandes [= SV]), Ölsnitz, Schöneck, Falkenstein, Auerbach, Lengenfeld, Treuen, Mühltroff mit jedesmaliger Umgebung und Hof (Hauptstadt des bayrischen Vogtlandes [= BV]), Kotzau, Schwarzenbach a S, Münchberg, Sparneck, Weissenstadt, Kirchenlamitz, Rehau beschränkt ist: nur das allein dürfen wir als ein in den groben Zügen lautlich einheitliches Ganzes auffassen. Nach dem SSW ist es uns nicht möglich gewesen, eine Grenze für eine Lauterscheinung von nur annähernd ähnlicher Bedeutung aufzustellen, trotzdem dort die Main-/Saale-Scheide und somit Rhein-/Elbe-Scheide nach der früheren Meinung, die solchen Dingen zu grossen Einfluss auf Ma-Grenzen beimass, dies erwarten liess.

§ 10. 1. Die Mundart dieses Sprachgebietes — nennen wir es vorläufig die vogtländische Mundart im engeren Sinne — ist die natürliche Fortsetzung.der mit ihm die gleichen lautlichen Haupterscheinungen teilenden ostfränkischen Mundarten; die sich in breiterem Gürtel durch das weitere (bayreuthische) Oberfranken und Mittelfranken der obpf Sprachgrenze entlang hinziehen, und jenes Vogtländische ist daher eine (mehr oder minder reine) ostfränkische Mundart*) auf topographisch ostmd und nordd Erde.

2. Damit ist uns auch die Heimat der Kolonisten auf diesem Teil ehemaligen Slavengebietes und der Weg ihrer Wanderung erschlossen: das Hauptkontingent der Kolonisten des oberfrk Saalelandes und des mittleren sächsischen Vogtlandes stammt aus der Bayreuther, Erlanger, Fürth-Nürnberger und Ansbacher Gegend; sie müssen ihre Einwanderung durch das obere Maingebiet über den sanften Gebirgssattel zwischen Fichtelgebirge und Frankenwald im alten Nordwald bewirkt und das oberste Saale- und obere Elstertal in seinen Geländen mit 'Reuthen' und 'Grünen' angelegt haben.

2. Lautliche Charakteristik der vogtländischen Mundart im engeren Sinne.

§ 11. Diesem schlechthin vogtl Gebiet kommt also folgender gemeinschaftlicher Lautstand zu:

a) Infolge (ehemaliger) Nasalierung spricht man $sú$ oder $s\bar{u}$ (mhd sun), $k\underline{a}sd$ oder $k\underline{a}sd$ (mhd $kunst$) ua.

b) Endungs-e ist abgefallen: $gens$ oder $gœns$ (mhd $gense$), end oder $œnd$ (mhd $ende$), mi (mhd $müede$), $fesd$ (mhd $veste$), $i\chi$ $s\bar{u}x$ (mhd ich $suoche$) ua.

---

*) Trotz der neuerdings in BMaa II 342 aufgestellten Meinung.

c) Alle mhd weiten *e*-Laute erscheinen in der Kürze als *æ*: *gæld* (mhd *gëld*), *kæsdḷ* (mhd *kästel*), *wæχḷn* (mhd *wǣcheln*) wehen, flackern, ua; in der Länge als *ē*: *gēl* (mhd *gël*) gelb, *hēsḷ* (mhd *hüsel*), *hēl* (mhd *hæle*) glatteisig, dh im spontanen Lautwandel, im kombinatorischen auch als *ǣ*: *flǣdịwiš* (mhd *vlëderwisch*), *hǣmḷ* (mhd *hämel*) Hammel, *nǣı* (mhd *ne-wǣre*) 'nur' ua neben *flédị-*, *flédịwiš*, *nɛı nēr*.

d) Bei der Form für nhd *nichts* ist *chs* (mhd *nichs* < *nihtes*) zu *gs* geworden: *nigs negs* uä. Mhd *chs* (*hs*) und *gs* (< *ges*) > *gs*.

e) Bei den Formen für nhd *nicht* ist von irgend einer Form ohne Guttural auszugehen: *newet* oder *niwet* > *ned niəd* oder *nid*. *-əd* ist Normalsuffix der Adjektiva.

f) Als Diminutivsuffix liegt mhd *-el*, *-lin* zu Grunde: *bisḷ bil* oder *bislạ bilạ* (mhd *bizzel*, *bizzelīn*) ua.

g) In- und auslautendes *pp* ist zu *pf* verschoben: *ebfḷ* (mhd *ephel*), *ebflạ* (mhd *ephelīn*); *-mp* > *-mpf*: *šdumbf*, *bflumbf* (obd *pflumpfe*) Pumpe usf.

h) Anlautendes *p* in *pf* ist erhalten und zwar als *b*: *bfinə* (Pl mhd *phinnen*), *bflạumfǣdịn* (mhd *phlūm-vëdern*) usf.

i) Mhd *ei* ist zu *ā* gewandelt: *hādṇ* m (mhd *heiden*) Haide; ebenso mhd *öu*: *hādlə* (mhd *höubet-līn*) usf (vgl oben S 18 f die Linien 9 und 10).

k) Mhd *uo* und tl *u* sind zusammengefallen in *ū*: *hūd* (mhd *huot*), *gūŋd* oder *gūŋəd* (mhd *jugent*) ua; ebenso mhd *üe* und *ie* mit tl *ü* und *i* in *ī*: *hīd* (mhd *hüete*), *wī* (mhd *wie*), *kīχəlạ* (mhd *kügellīn*), *wīs* (mhd *wise*) ua (vgl oben S 19 f die Linien 10 und 11).

l) Die Infinitivendung ist erhalten — ausser nach stammauslautendem Nasal oder nach Vokal —: *maxŋ* (mhd *machen*), *sidsŋ* (mhd *sitzen*), *ɩæfm̥* (mhd *roufen*), *gēm* (mhd *gëben*), *sūŋ* (mhd *suochen*), *ɩēdṇ* (mhd *redən*) usf.

3. Mundartliche Unterschiede.

§ 12. Wenn wir im weiteren Grenzen für weniger bedeutende Lauterscheinungen ua aufstellen, so wird auch dieses vogtl Kerngebiet wieder in mehrere zerlegt; zunächst gleich durch die 13. Grenzlinie — ich fahre in der Zählung nach § 8 fort —:

13. Mhd ō und tl o, desgleichen die e-Laute, sobald sie zu u- bezw i-Lauten gewandelt werden, erscheinen auf dem Gesamtgebiet in der Länge bald als Monophthonge, bald als Diphthonge: bruəd oder brūd (mhd brōt), buəd oder būd (mhd bote); grıəs oder grīs (mhd grǣʒe), giəd oder gīd (mhd gēt), hiəf oder hīf (mhd höfe), iəm oder īm (mhd ëben, ahd ëbini), iəsl oder īsl (mhd esel). Diphthongisch ist das sächs Vogtland und das bayr 'Regnitzland' östlich von der Saale.

Die Diphthonge und Monophthonge sind so verteilt:

W	Monophthong:	Weissenstadt-Hof-Gefell-Tanna
O	Diphthong:	Rehau-Oberkotzau-Regnitzlosau-Reuth
NW	-Koskau	Schleiz-Zeulenroda-Greiz
SO	-Rodau -Mühltroff-	Pausa-Arnsgrün-Elsterberg
O		-Werdau-Zwickau-Rautenkranz (bei Auerbach)
W		-Reichenbach-Neumark-bei Kirchberg-Auerbach
O		-Brunndöbra-Klingenthal usw.
W		-Falkenstein-Schöneck.

Anm 1. Im S ist nach dem Obpf zu für die gedehnten Vokale keine Grenze.

14. Im W ist die Diminutivbildung auf -lạ (< -lin dh mehr frk), im O die auf -l (< -el dh mehr obpf), im Sg im Normalwort herschend: šdiglạ / šdigl Stückchen ua. Die sächsisch / bayrische und sächsisch / reussische Grenze bis Pausa / Zeulenroda, dh die Wasserscheide zwischen Elster- und Saalegebiet mag als grobe Scheide angesehen werden.

Anm 2. Kloschwitz (b Plauen im SW von SM) kennt -lạ hier noch nicht; Grobau, dann die Orte auf dem linken Ufer der Elster in SOb, SObpf sprechen -lạ je mehr, je näher an Oberfranken.

15. Sogenannte anorganische Erweiterungen zu grammatischen Zwecken durch Anhängung von -en an nasalisch oder auch nur vermeintlich nasalisch auslautende Stämme, wie in nə laɪdnạ (mhd *dënen liutenen), dunẹ schon mhd tuonen) usf, finden sich nicht nur im bayrischen Oberfranken (vgl aber Spr-A leuten AfdA XX 222 f, BMaa

I 271, doch II 322), sondern soweit einstmalige Nasalierung reicht: nordwärts bis Tanna, Greiz, Reichenbach usw.

16. -*gen* und -*chen* nach langem Vokal und *l r z* sind zu -*ŋ* geworden nordwärts bis Hirschberg-Tanna-Greiz-Reichenbach, wie in *lēŋ* (mhd *legen*), *šbrōŋ* (mhd *sprāchen*), *welŋ* (mhd *wëlchen*), *šnauŋ* (mhd *snarchen*); aber Schwanken bei Schleiz-Zeulenroda-Berga-Werdau.

17. Die Dehnung hat ihre reichste Ausdehnung südl von einer Linie Hirschberg-Ölsnitz-Falkenstein; eine zweite Etappe auch noch starker Dehnungen reicht bis zur Nasalierungslinie (oben § 8, Linie 1): *ousd/asd* Ast, *gēsǝlę/gænsļ gænslą* Gänslein. Gleiche Abstufung kommt den schwachen Substantivbildungen zu: *haną/hā hān* Hahn, *rindn ɿindn/ ɿindę* Rinde.

18. Abfall der Vorsilbe *ge-* vor mit Schlaglauten beginnenden Verbalstämmen ist verbreitet südöstl von einer Linie Bayreuth-Münchberg-Hof-Ölsnitz-Falkenstein wie in: *kāfd* (mhd *gekouft*), *baud* (mhd *gebūwet), *dæŋd* (mhd *gedenkt) gedacht.

19. Die echt md, thür, nicht streng vogtl Auflösungen der Lautgruppe -*age*- in -*ei*- finden sich nord-westl von einer Linie Lobenstein - Ebersdorf - Schleiz - Zeulenroda - Hohenleuben - Berga, die obers von -*age*- in -*a*- nördl von Reichenbach, östl von Auerbach: *sēd'ę* (mhd *seite*, *sädįę*) sagte; in T *sadṇ*†† (mhd *seiten*).

20. Labialisierung ist vorhanden im allgemeinen jenseit, Nichtlabialisierung diesseit des Frankenwaldes herschend in den Diphthongen *oi/ai* oder *aɿ* wie in: *hoid/haid* oder *haɿd* (mhd *hiute*) heute und Häute.

21. Mhd *a* ist in der Kürze zT (vor *nd ŋg* oder *ld* usf) nicht labial jenseit einer Linie Münchberg - Helmbrechts - Enchenreuth - Kamm des Frankenwaldes: *laŋ/laŋ* (mhd *lang*); ebenso nördl von Zeulenroda-Hohenleuben-Berga-Werdau: *baŋg / baŋg* (mhd *banc*).

22. *sæn*, bezw *san* (< *sein) für nhd *sind* ist herschend südlich von Tanna-Plauen-Falkenstein.

Anm 3. Im allgemeinen schliesst sich dann nordwärts *sɑi*, weiter schon von Greiz ab *sin* (< mhd *sîn*) an.

23. *wæŋ* für mhd *wēnic* hat ein ähnliches Verbreitungsgebiet.

Anm 4. *wiŋ*, das auch sonst nicht ganz verpönt ist, schliesst sich nordwärts an.

24. *keurɑ* (mhd *kirch-wihe*) gegenüber *keɪməs keɪms keɪmsę kæɪmsę* (mhd *kirch-mësse*) verteilt sich ungefähr wie *sæn/sɑi sin, wæŋ/wiŋ. dswē* (md *zwē*), *bēdę* (md *bēde*) und *ēnədswàndsiχ* usf (zu md *ēn*) reichen südwärts nicht ganz so weit in das Gebiet von *dswā* (mhd *zwei*), *bādə* (mhd *beide*), *ānədswàndsiχ* hinein. Mit dem Beginn von *dswā* fängt auch *ənd̯swā́* an und hört *funā́nɪ* 'von einander' = entzwei auf.

25. Thür *hǟ*, daneben *hǣ*, für md *hër* (mhd *ër,* kommt nur nordwestl von Weida-Gera vor; *unsę* 'unser' westl von Weida.

26. *ab* (< *ab) 'ob', *dax* (< *dach) 'doch' sind beschränkt auf den NO des sächsischen Vogtlandes. ebenso *ŭmd ŭmd ŭmsd ŭmsd* für *ābend* bezw *ābends* auf den O.

27. Echte Nasalvokale sind noch jenseit von Lichtenberg-Hirschberg-Ölsnitz-Falkenstein zu hören, am stärksten im oberen Frankenwald und bei Schöneck.

28. Verkürzung neuer Diphthonge, wie in *safsd* (< *saɪfsd*) säufst, *blasd* (< *blaɪ(b)sd*) bleibst, hat im allgemeinen an der sächsisch/reussischen Grenze im N sein Ende.

29. Die beiden Entsprechungen für nhd *nur* (*nǣɪ* < obd *ne-wǣre / nūɪ nūɪ nōɪ nɔɪ* uä < md *nūr*) verteilt eine Linie Ziegenrück-Berga-Werdau — *nūɪ* oder *nōɪ* spricht man nördl bei Gommla-Wilde Taube-Waltersdorf-Mosen-Seeligenstädt.

Anm 5. Leutenberg und Seeligenstädt (RO, besw RU) kennen die südliche und die nördliche Form.

30. *æŋg* (mhd *ënc*) euch, *æŋgɪ* (mhd *ënker*) euer, *dɪəds* (mhd *ëz*) ihr — Reste eines alten Duals — reichen nur in die Südspitze des sächsischen Vogtlandes herein nordwärts bis in die Dörfer oberhalb von Ölsnitz.

4. Untermundarten.

§ 13. Auf Grund der gesamten 30 Lauterscheinungsgrenzen (§ 8 und 12) sind wir nun in den Stand gesetzt eine Einteilung des Gesamtgebietes des alten Vogtlandes in Untermundarten vorzunehmen. Wir halten uns dabei auch an die politischen Gebiete und deren Namen.

1. **SObpf** — **Oberpfälzisch im sächsischen Vogtlande** — sei das oberpfälzische Gebiet in der Südspitze des Vogtlandes genannt, soweit als nach Linie 10b (S 20) die *ou* und *ei* für *uo* bezw *üe* und *ie* reichen. Wie sich an BSa im O die oberpfälzische 'Überwälder', oder 'Sechsämtermundart', an das 'Regnitzland' im NO die 'Asch-Rossbacher Untermundart' (auf ebenfalls ehemaligem vogtländischen Boden, jetzt aber zu Böhmen gehörig) anschliesst, so SObpf (dieser Asch-Rossbacher Ma jenseit der österreichischen, böhmischen Grenze auf das engste verwandt) im S an die vogtländische Kernmundart des sächsischen Vogtlandes. Greift in Oberfranken scheinbar das Ostfränkische über die natürlich gegebene Grenze der Kornberge in oberpfälzisches Gebiet hinein — die Jahrhunderte lange politische Zugehörigkeit zu dem alten Franken machte die Mundart fast völlig ostfränkisch —, so tritt uns in der südlichsten Spitze Sachsens von Adorf-Markneukirchen bis gegen Eger hin der umgekehrte Fall entgegen. Obpf hat sich über die natürlich gegebene Grenze des Elstergebirges, über den Brambacher Pass, den Sattel zwischen Elster- und Erzgebirge und die Elster herein ausgebreitet: die ursprüngliche Bevölkerung, wohl zum grössten Teil aus dem S eingewandert, hat trotz Jahrhunderte langer politischer Zugehörigkeit zu Sachsen die angestammte nordgauische Mundart bewahrt; die Schmalheit des in Böhmen eingeschobenen Landzwickels ist dem förderlich gewesen. Schönberg, Brambach, Landwüst, Elster mit ihren Umgebungen und in der Hauptsache noch Adorf und Markneukirchen sprechen dieses vogtl Obpf.

2. **BSa** — **Vogtländisch im bayrischen Saalegebiet** von Oberfranken (§ 9), im Gegensatz zu BSe, dem Vogtländi-

schen im bayrischen Selbitzgebiet — wollen wir den Teil der vogtländischen Mundart nennen, der sich südl von Linie 14 (oben S 24) von der sächsisch/bayrischen Grenze, von der Elster-/Saale-Scheide bis zur Saale-/Main-Scheide, in der Hauptsache zwischen dem Waldstein-Zuge und der Saale-/Selbitz-Scheide ausdehnt. Linie 13 (S 24) teilt BSa wieder in das bayrische 'Saalland' (*brūd* Brod, *būd* Bote, *gīd* geht) und 'Regnitzland' (*brŭəd*, *bŭəd*, *gĭəd*, *fĭə* Vieh).

3. **Frk-W** — **Frankenwaldgebiet** — sei dasjenige Mundartgebiet genannt, das sich, wie eine Art Sprachhalbinsel die NO-Abhänge des Frankenwaldes beherschend, im O durch Hauptlinie 11 (S 20) vom eigentlichen Vogtländischen getrennt, bis in die Lehesten-Leutenberg-Ziegenrück-Schleiz-Zeulenrodaer Gegend ausbreitet und sich davon, ähnlich wie das Obpf, durch sein Hauptcharakteristikum *ou* für mhd *uo* (und tl *u*), *ei* für mhd *üe*, *ie* (und tl *ü*, *i*) unterscheidet, dem sich als weiteres zT *au* (*äu*) für mhd *ā* (und tl *a*) und die damit notwendig verbundene parallele Behandlung von *e*-Lauten anschliesst. Da die Haupterscheinungen auf beiden Seiten des Frankenwaldes (jenseits besonders in den SW-Abhängen) wiederkehren, so kann man allein schon auf Grund der lautlichen Übereinstimmung behaupten: der Frankenwald ist nicht wie der Thüringerwald — auch dieser ists mit seinem 'Rennstieg' wirklich nur zT — Sprach- und Völkerscheide, nein, er ist nicht nur kein 'Rainsteig', sondern sogar ein sprachvermittelndes Glied, und ein Blick auf den Verlauf der Lauterscheinungsgrenzen 1 2 (§ 8), die sich an der Südspitze des Thüringerwaldes zugleich ungefähr mit dem Rennstiege nach O wenden, 4 5 6 7 8 (ebd), die weit nördlich an ihm vorüberziehen, und 3 9 11 12 (ebd), die, mitten durch das Bambergische der katholischen Südseite ziehend, ihn sogar durchqueren, bestätigt dies nur. Weitere Momente werden das Gesagte unterstützen.

a) **BSe** — **Vogtländisch im bayrischen Selbitzgebiet** — sei der politisch auf bayrischem,

b) **RO** — **Vogtländisch im reussischen Oberlande** — sei der in der Hauptsache auf reussischem Boden gespro-

chene Teil dieser Frankenwald-Mundart genannt. Während
sie Linie 11 (§ 8) ua verbindet, trennt sie 1 3 9 (ebd);
Wenngleich aber eine solche Scheidung nur auf den Geländen
des linken Ufers der Saale mit der politischen Grenze und
damit ungefähr mit dem Rennstieg zusammenfällt, so behalte ich den Begriff RO auch auf dem rechten Ufer für das
reussische Oberland bis an die ganze bayrische Grenze bei
und teile es bei den einzelnen Erscheinungen, die es verschieden hat. BSe umfasst das diesseitige, protestantische
Frankenwaldgebiet bayrischen Anteils mit den Städten
bezw grösseren Orten: Helmsbrechts, Schwarzenbach, Döbra,
Schauenstein, Selbitz, Naila, Steben, Lichtenberg; — RO:
Hirschberg; Blankenberg und Gefell (preussisch), Tanna im
diesseitigen RO, Lobenstein, Ebersdorf, Saalburg, Burgk,
Schleiz; Liebengrün (preussisch), Leutenberg (schwarzburgisch), Wurzbach, Ruppersdorf, Gama, Lodra; Lehesten
(meiningisch) im jenseitigen RO.

4. RU — Vogtländisch im reussischen Unterlande
— schliesst sich nordostwärts als eine Untermundart an, die
von RO besonders durch Linie 11 (S 20), dann zT durch
Linie 4 (S 15) ua getrennt ist, von der ihm zunächst liegenden
Mundart im sächsischen Vogtland durch die Linien 1 (S 13),
9 (S 18) ua in der Hauptsache geschieden wird. Es umfasst
Zeulenroda, Greiz, Fraureuth, Hohenleuben; †Weida und
Berga (weimarisch). — Gera; *Weida, Triptis, Auma, Neustadt, Pössneck (weimarisch); Rahnis, Ziegenrück (preussisch),
liegen wohl an der äussersten Sphäre im N, NW des alten
Vogtlandes, sind aber (jetzt) besser zum Osterld-Thür zu
rechnen. Über dies Thüringer Vogtländisch § 21.

5. SV — sächsisches Vogtland (§ 9):

a) SU — unteres sächsisches Vogtländisch —
schliesst sich, südwärts durch die Linien 1 und 9 (S 13
und 18), dann durch 2 und 8 (S 13 und 17) von RU abgegrenzt, an; Linie 3 (S 14), dann 4 (S 15) scheidet vom
eigentlichen Vogtländischen; Linie 7 (S 17), dann 13 (S 24)
ua grenzt ab gegen N, NO und O. Ausbreitung: Reichenbach, Mylau, Netzschkau, Neumark, Werdau (?),

Elsterberg, Pausa und der reussische Zipfel südl von Zeulenroda-Greiz.

b) **SM** — mittleres sächsisches Vogtländisch (§ 9) — das schlechthin gewöhnlich unter 'Vogtländisch' verstanden, und

c) **SOb** — oberes sächsisches Vogtländisch — seien die beiden innerhalb der· Kernmundart auf sächsischem Gebiet zu trennenden Untermundarten. Hierzu gehört die Gegend oberhalb Falkenstein-Ölsnitz-Bobenneukirchen: also Schöneck, die Dörfer nördl von Adorf im Elstertal und auf den Geländen des linken Elsterufers (Triebel, Posseck, Bobenneukirchen usf). Es bildet das Übergangsgebiet vom Obpf des SObpf zum Vogtländischen schlechthin. Trotz mancher spezifisch obpf Eigenheiten (zT $æŋg$ euch, Lautwandel von mhd $\bar{o}$ und $\bar{e}$ zT > ou und ei statt > ue und ie, Diminutivum auf -$ęl$ [§ 14] bei auf l auslautenden Stämmen, auf l bei auf -r auslautenden) fehlt ihm doch dessen Hauptcharakteristikum (mhd uo > ou, mhd $üe$ ie > ei) und anderes oben für SObpf schon Bemerkte. Die Linien 17 18 27 30 S 25 f) scheiden dies obpf Vogtländisch von SM.

5. Oberpfälzische, ostfränkische und thüringische Elemente.

§ 14. Drei verschiedenen grossen Dialektgebieten, dem Ostfränkischen, Thüringisch-Obersächsischen, Oberpfälzischen gehören die zur Abgrenzung benutzten Erscheinungen an: also dem Ostmd (auf ehemalig slavischem und Thüringer Boden) und Westmd (zunächst für uns in Betracht kommend: Ostfränkisch in seinen nördlichen und südlichen Variationen). Obpf lasse ich hierbei aus dem Spiele und halte es für eine wesentlich obd Mundart.

Ostmd ist sicher: in- und auslautendes b für hd pf, mb für hd mpf (§ 8, 7); f (wechselnd mit bf) für anlautendes pf (§ 8, 8); $nišd$ für *nichts* (§ 8, 4); $niχ$ für *nicht* (§ 8, 5); Erhaltung des stammauslautenden n (§ 8, 1); des auslautenden e (§ 8, 2); das Diminutivsuffix -$χen$ (§ 8, 6).

Westmd, dh zunächst ostfrk und dann auch obpf ist: in- und auslautendes *bf* für *pf*, *mbf* für *mpf* (§ 8, 7); *nigs* uä für *nichts* ,§ 8, 4); *ned* uä für *nicht* (§ 8, 5), Abfall des stammauslautenden *n* (§ 8, 1); Abfall des Endungs-*e* ;§ S, 2).

Mehr ostfrk ist das Diminutivsuffix -*la̤* im Sg und Pl; mehr obpf: -*l*, -*a̤l* (*sdigl*, *sbīχa̤l*, *bı̄idṷ*) im Sg, aber -*la̤* uä im Pl. Mehr obpf: *ou* und *ei* nur für mhd *uo* und *üe* *ie*; mehr ostfrk (zB in dem frk Jura): *ou* und *ei* für mhd *uo* und tl *u* bezw. *üe* und tl *ü*, *ie* und tl *i*. Mehr obpf: *ȧu ȧ̀u ȯu* für mhd *ū*; mehr ostfrk: *au ȧ̀u* uä für mhd *ā* und tl *a*.

Anm. Den Lautwandel von etymologischer und Tonlänge (zB mhd *uo* und tl *u* > *ou* uä) könnte man wohl auch für Verbindung des obpf Prinzips + thüringischen halten, wonach einfaches mhd *u* und *i* zT zu *ū* und *ī* wird; stimmt doch dazu auch, dass im Frk-W im S *ie* und *i* zu *ei*, im N nur *i* zu *ei i* wird. Ihn ganz für thüringisch zu halten wage ich nicht, da er dann fast isoliert von der in Nordthüringen ja vorkommenden Erscheinung bestehen würde, während sich nach dem nordfrk Hennebergischen zu kontinuierlich solche Lautwandlungen vorfinden und der Lautwandel des mhd *ā* und tl *a* auch ostfrk ist. Auf jeden Fall ist dieser Lautwandel echt md.

§ 15. Schluss: Ein Gürtel zwischen der Nasalierungsgrenze (oben S 13) und der Grenze der Verschiebung von in- und auslautendem *pp* > *pf* und *mp* > *mpf* (S 17), zwischen denen sich alle Haupterscheinungsgrenzen im W bewegen, bildet auf dem Boden des historischen Vogtlandes vom Südostabhange des Thüringerwaldes an bis in die Gegend von Werdau-Zwickau, wo die beiden Erscheinungslinien sich schneiden, die Grenze zwischen Ostmd und Westmd; (zur Fortsetzung dieser Grenze soll im O die Linie 7 [S 17] für unsere Gegend meist schon allein genügen). Damit ist auch die Grenze zwischen Ostfrk und Thür-Obs gezogen. Die im Gürtel liegenden Maa von RO und RU sind am besten als ostfrk-thür Übergangsmaa aufzufassen; zu dem sogenannten Südthüringischen — mit verschobenem *p* — darf jedenfalls nichts südl von Linie 1 (§ 8, ob nicht auch von Linie 2 4 5?) gezählt werden.

Anm. Für mich bleiben die Haupterscheinungsgrenzen das Primäre, erst in sekundäre Linie stelle ich die Zuteilung zu Thüringisch oder zu sonst einem grossen Dialektkomplex; dh zunächst, solange man sich noch nicht geeint darüber, was ist eigentlich thüringisch, welche Erscheinungsgrenze oder -grenzen kann man da oder dort als Mundartgrenze verwenden. Für mich ist eine Mundartgrenze, wenigstens für unsere Gegenden, dargestellt in einer Linie durch allzuscharfe einseitige Hervorhebung einer Haupterscheinungsgrenze, die an sich oft schon gar keine Linie sein kann, ein Unding, sobald nicht jenem Dialektkomplex ein spezifisches Merkmal wie etwa dem Obpf anhaftet. Für mich kann darum, weil eine obd Erscheinung wie das *l*-Diminutivsuffix *s*T bis nach Köstritz an der mittleren Elster zu beobachten ist, noch nicht die obd Grenze dorthin verlegt worden; das Erzgebirgische *s*B ist trotz seines obd Diminutivsuffixes, teilweiser ehemaliger Nasalierung, seines *ned* für *nicht* usf doch keine obd Ma: es ist Übergangsmundart vom Ostfrk-/Obpf, zum Obs, der Mundart von RU und dem nordwestl RO (weil ebenfalls zwischen Linie 1 [S 13 und 7 [S 17] vergleichbar). Also: erst sichere Feststellung der Haupterscheinungsgrenzen wird Aufgabe der Dialektologie besonders für Mitteldeutschland sein, die Zuteilung, die dann auf sicheren Füssen ruht, geschieht ohne grosse Mühe.

§ 16. Die übrigen Erscheinungen, wie mhd $\ddot{e} > \ddot{a}$ im N $æ$ $\bar{e}$ im S (oben S 14), mhd $ei > \bar{a}$ $\bar{a}$ im S $\bar{æ}$ $\bar{\epsilon}$ $\bar{e}$ im N (S 18), Abfall des Infinitiv-*en* nicht nur nach Nasalen und vokalischem Stammauslaut (S 20) ua, haben nichts Beweisendes für Ostmd / Westmd oder für Ostfrk-Obpf / Obs-Thür, da alle drei in beiden Gebieten vorkommen. In breiten Gürteln legen sich diese $\ddot{a}$ für mhd $\ddot{e}$ an die südl $æ$ $\bar{e}$ an, und gleichsam als Ausgleich im Lautsystem — wenigstens für unsere Gegenden — die $\bar{a}$ $\bar{\epsilon}$ $\bar{e}$ für mhd *ei* oder *öu* und die Infinitive *lāf lǝs lǝs* oder *lǟfǝ* usf, *năm gāb* oder *nămǝ gāwǝ* usf an die *rǟfṇ* raufen, *lōsṇ* lassen usf, *næmǝ* nehmen, *gēm* geben usf, immer im Bogen eines Kreises, dessen Zentrum der Fichtelgebirgsstock ist.

§ 17. 1. Bei den $\bar{a}$ $\bar{a}$ $\bar{æ}$ $\bar{\epsilon}$ $\bar{e}$ für mhd *ei* (*öu*) ist man unwillkürlich gezwungen, an die Diphthongierung der mhd $\bar{i}$ *iu* $\bar{u}$, ihren geographischen Verlauf und ihren Einfluss zu denken, den sie selbstverständlich auf das Verhältnis der Lautreihen im Lautsystem haben musste, sollte es in seinen alten differenzierten Reihen erhalten bleiben. Im südöstlichen Teile deutschen Sprachgebietes wohl schon frühmhd im Volksmunde auftretend, machte sie frühzeitig einen kräftigen Vorstoss nach N in das Obpf und sicher bald und fast zu gleicher Zeit in die angrenzenden ostfrk Gebiete, kräftiger in die südöstlichen — daher wie dort Zusammenfall der alten und neuen Diphthonge vor Nasalen, Liquiden und zT vor Labialen —, weniger energisch in die nördlichen — daher hier so gut wie reine Scheidung in diesen Diphthongen und geringer Zusammenfall nur in den näher liegenden Grenzgebieten. Daher also die *sų sā* (< *sin*), *kųm kām* (< *kūme*), *frālį* (< *vriliche*), *nālį* (< *niuweliche*), *ųf* (< *ūf*) im S; die spärlichen *kām*, *įāmę* (< *rūmen*) ua im N des SV.

2. *ïə* und *üə* kommt dem Obpf und dem Ostfrk zu; da aber eine kontinuierliche Verbindung zwischen den obpf Diphthongen für mhd Kürze und den vogtl für Kürze und Länge statthat, so muss man diese vogtl Diphthonge *ïə üə* mit den obpf für identisch erklären.

3. Mhd *ā* muss sich im Obpf in äusserst raschem Tempo zu *ō* gewandelt haben, da die mhd *ā* und *ō* entsprechenden modernen *àu* nur durch gleichen Lautwandel erklärt werden können; dass mhd *ē* mit *æ* und *ǣ* in dem modernen *ài*, einem Umlaut zu *àu*, zusammenfiel, ist wohl am besten so zu erklären, dass der gefühlte Umlaut zu mhd *ǣ* und damit zu *æ* seinerseits auf die lautliche Gestaltung des noch übrigen langen *e*-Lautes, des *ē*, wie sonst in den Maa massgebenden Einfluss gewann: *ō*- und *ē*-Laute, die im angrenzenden Gebiet denselben Lautwandel aufweisen, müssen unter demselben Prinzip gestanden haben. Daher zB in der Schönecker Ma (HEDRICH 16): mhd *ō* > *ou* (wie *houx* hoch, *rou* roh, ua), mhd *ē* > *ei* (wie *dlei* Klee, *wei* weh, *śnei* Schnee ua), die nicht Ausnahme von der vogtl Lautregel mhd *ō* > *üę* (wie *süę* so, *śdrüę* Stroh ua), sondern regelrechte Entsprechungen eines Lautwandlungprinzips sind, das jenes ostfrk-vogtl kreuzt und einen andern geographischen Ausdehnungsbezirk hat.

4. Ausgeprägt allmählich abschwellende Betonung im Vereine mit einem für das Obpf geradezu zum Gesetz ausgeprägten Streben, urspr einsilbige Wörter von mehrsilbigen (meist den flektierten!) Wörtern lautlich in quantitativer und (damit in innigem Zusammenhange stehend) auch in qualita-

tiver Hinsicht, entsprechend der grammatischen Differenzierung verschieden zu entwickeln, brachte eine Menge **Dehnungen** hervor, die in weiter nördlichen Gebieten nicht zu finden sind. Daher also *kuǫbf* Kopf, aber *kebf* Köpfe, *hüd* Hund, aber *hund* Hunde in SObpf, SOb, zT in BSa. Aber die Dehnungen im übrigen BSa, dann BSe, überhaupt wohl im Frankenwaldgebiet stehen nicht unter diesem (obpf) Prinzip: es heisst im Sg *kūbf*, im Pl *kibf*. Daher die obpf Doppelentwicklung des mhd *ei* zu *āǫ* und *ái*.

§ 18. **Schluss**: Aus dem Grunde, dass sich im südlichsten Zipfel des Vogtlandes ein ganz obpf Sprachgebiet findet; dass nördlich von diesem noch weit im Elstertale abwärts bis Gera-Köstritz die obpf Diminutivform -*l* im Sg (Pl *), -*lǫ* (-*lǫ*)/-*lę* (-*lę*) im Pl, im S (wie in Schöneck) sogar -*ǫl* -*ęil* unter gewissen Umständen herscht; in SOb die obpf Quantitätsverhältnisse obwalten; *ái ǣi ái* oder *ai* usf für mhd *ei* in ursprünglich zweisilbigen Wörtern (*drái* < *treide* usf) nördlich der obpf Sprachgrenze (bis Bob Gegend†) noch vereinzelt vorkommen; die bair-obpf Dualformen *æŋg* 'euch', *eŋgr* 'euer', *d'iųds* 'ihr' bis nördlich von Adorf reichen; die lautliche Entwicklung der dortigen *ō*- und *ē*-Laute zT der obpf entspricht, und die bereits oben als obpf erklärten Erscheinungen zT mehr (vgl auch S 28, 31 Anm, 42 Anm 1), zT weniger in vogtländische Gebiete hereingreifen: müssen wir eine **Besiedlung durch Oberpfälzer (Nordgauer)** neben der durch Ostfranken annehmen.

§ 19. Aber der von SW kommende Strom **ostfränkischer Kolonisten** und deren Ma war mächtiger als der südliche obpf Zufluss, gleich wie ein Bach einem Strom nur an dessen Ufern sein Kolorit verleihen kann, dann aber fast ganz verschwindend sich im grossen Strom verliert. Deshalb auch im ferneren Saaletal die hauptsächlich fränkischen -*lǫ* im Sg und Pl: *ǫ bislǫ* 'ein bischen' noch in Lössau (b Schleiz-Zeulenroda), *ǝ weisdlǫ* 'ein Würstchen' noch in Ruppersdf in RO; deshalb auch dort die echt fränkischen *fiälǫ* (mhd *vröulīn*) 'Grossmutter', *hēılǫ* (mhd *hērlīn*) 'Grossvater' noch in Ruppersdf, *helbųlǫ* (mhd *hölperlin) Preisselbeeren, auch *šbiáislbži* genannt (Friesau b Ebersdf, Burglemnitz b Wurzbach; aber auch = altbg), der *šibf-*, *šifšbàg* (zu mhd *schüpfen*, **schüffen*) Wellfleisch, das zugleich mit *šebfm* (mhd **schöpfen*) Schafe (Lodra b Ziegenrück), *šėbfmflėš* (Ruppersdf in RO) ein Beispiel für die dort oft strenger durchgeführte hd Lautverschiebung von inlautendem *pp > pf >* ma *bf* gegenüber *šibsùb* (mhd **schüpp-suppe*) Wurstsuppe, *šėbsnflåš** in T sein mag; ferner die frk *oldsįχ* (wohl < *al-zehant*) sogleich, das besonders hennebg *rig* (mhd *ric*) Stange, gewöhnlich über oder neben dem Ofen, um etwas daran zu hängen (Titschendf in RO); die Formwörter *šel* (< **schöll*) soll, *id* ist, *nesd* nichts ua im südlichsten RO.

§ 20. Darum darf uns das Nebeneinander von Obpf und Ostfrk (zunächst Mainfrk) nicht befremden, wovon das erste natürlich meist in grösserer Nähe, das letztere in grösserer Entfernung vom alten Nordgau vorkommt, in:

1. D Pl: obpf *afm bæŋgŋan* auf den Bänken, *diānə hausįn* an den Häusern / ostfrk *afm bæŋgŋa*, *diānə hausına*.
2. Pl einsilbiger Verben: obpf *šdeŋa* stehen, *gæŋa* gehen, *dan* tun / ostfrk *šden(a)*, *gæna*, *dun(a)*, analog *dsæna* ziehen, *sæn(a)* sehen.
3. 2. Sg obpf *gesd mid* gehst du mit (Sch usfj/ostfrk *gesdu mid?* *wasd* weisst du (bis SOb: Rob, BSe: Berg)/*wasde*.
4. Behandlung des *g* in der Flexion: obpf *sagd sogd* sagt, *gsagd gsogd* gesagt / ostfrk *sōxd*, *gəsóxd*; obpf *goldigs* (* bis Hölle in BSe / RO) / ostfrk *goldįχs* goldiges.
5. Behandlung der Vorsilben *ge-*, *be-*, *ze-*: obpf *gsagd gsogd* gesagt, *bsuŋa* besungen, *dsfiidn* zufrieden; *glēŋ* gelegen, *blegd* belegt, *dslaŋ* zu lange; *gauwəd b'auwəd* ge-, bearbeitet, *dsaιχ* zu euch; *dáxd* oder *deŋd* gedacht, *bdæŋd* bedacht, höchstens *bədæŋd* / ostfrk *gəsóxd*, *bəsuŋa*, *dsəfiidn*; *gale̥ŋ*, *bale̥χd*, *dsalàŋ*; *gəauwəd*, *bəauwəd*, *dsəáιχ*; *gadáxd*, *gadǽŋd*, *badéŋd*. Behandlung der unter denselben Gesetzen des Satz-, Wortakzentes gleiches Schicksal erleidenden Pro- und Enklitika: obpf *d fiäu*

die Frau, höchstens *də frū* / ostfrk *di fŕā* oder *dę fŕē*; obpf *hans hams* haben sie, *sēŋs* sehen sie, ostfrk *hamsą̊*, *sɛnsą̊ sœnəsą̊*.

6. Obpf starke Nasalierung: *mą̊* Mann, *bą́* Bein / ostfrk schwächere oder keine Nasalierung: *mą̊*, *mā* *m͞ą̊* *mā̊*, *bą́* *bā* *bą́* *bā*.

7. Einfluss der Liquiden und Nasale auf Quantität und Qualität: obpf *kul* Kohle, *sul* Sohle, *šdum* Stube; *fūl* (mhd *vūle*), *sā* (mhd *sīn*)/ostfrk *kūəl*, *sūl*, *šdūm*; *faul, sau*.

8. Obpf Mouillierung des *l*: *miĺ* Mühle, *gœĺ* gelt, *folįŋsd foįŋsd* vollends/ostfrk ohne Mouillierung *mīl*, *gœld*, *folgsd* (mhd *volgens*).

9. Ortsadverbien: obpf *a'u)si* (mhd *ūz-hin*), *asą̊* (*ūz-hër*), *undi* (**unt-hin*) / ostfrk *naus*, (*hin-ūz*), *ιaus* (*hër-ūz*), *nundı̥* (*hin-unter*).

10. Diminutivbildung: obpf *ə dibfl̦* Töpfchen, *ehfąl* Äpfelchen, *šœχdɹl* Schächtelchen, *dı̄rl* Türchen; ostfrk *ə dibflą̊*, *ebfəlą̊*, *šœχdəlą̊*, *dı̄ɹlą̊*; vgl *də mädɭnɩ̸-lą̊* Mädchen.

11. Alte und neue Spirans: obpf *kauf m̥ kafm̥* (< *kouffen*)/ ostfrk *käfm̥* (< *koufen*) *kēfm̥* (< *köufen*); aber obpf *hūəf* Hof / ostfrk *hūəf* (SV) *hūf* (BV RV).

12. Wortschatz: obpf *gŋēdl̦* Knödel, *gɹabfm̥* Krapfen, *blox* (< *bloch*) Block, *sōx* (= bayr Wald) Böttchersäge / ostfrk *dlīəs dlīs* Klösse, *blog* (< *bloc*), *sēχ* Säge.

Also Erscheinungen, die in ähnlicher Abweichung die den Übergang zum Main- oder Bambergisch-Ostfrk bildende **Bayreuther Ma** charakterisieren, mit der also das **Vogtl** in seinem **S** grosse Ähnlichkeit hat.

§ 21. **Jenseit der westmd Sprachgrenze herscht der thüringische Kolonist ob.** Darum an der nördlichen, westlichen, östlichen Grenze viele Elemente jenes thür-obs/ostfrk Mischdialektes, wie *blumb(ə) blumbf flumf(ə)* Pumpe; *sēd(ə)* (< md *seiɉel*) *sād(ə)* (< md *sagete*), *gəsắd* gesagt, *mēd* (< *meit*) *mād* (< *maget*); mhd *ā* > *ō* > *ŭ* *l̆*: *gəmúd* (< *gemāt*) gemäht im W, *ŭmd ŭ̄md ŭmsd ŭmsd* Abend abends im O, *hudę* (< *hāte*) im N.

Darum im Vogtländischen:
1. *kaɪbm̩* Karpfen, *šnub* Schnupfen, *kebl̩* (< *köppel*) Obertasse: neben südl *kaɪbfm̩*, *šnubf*, *kebfl̩*.
2. *šūg* (mhd *schuoch*), *flūg* (mhd *vlōch*): neben südl *šūx*, *flūex*.
3. *gwaɪx* Quark, *marxd mɛɪx* Markt (im N): neben südl *gwaɪg*, *maɪg/marg*.
4. *gwadšxn̩* Zwetschen, *gwarxl̩* Zwerg: neben südl *dšwedšn̩* oder *bflaumə* Pflaume, *dšwaɪx*.
5. *də əɪdšēlxn̩* die Erzählung, *šūxn̩* suchen, *lusdxən* lustigen: neben südl *dɪdšēlɪŋ*, *sūŋ*, *lusdɪŋ*.
6. *būnə* Bohne, *wūnə wūn̩* wohnen: neben südl *ban* (mhd *bōne*), *ban̩ə* (*bōnen*), *wān̩ə wān̩ə*; *ūnə* (< *āne*) ohne, *munə* (< *māne*, vgl *mōne*) Mond: neben südl *ān̩ə* (*ānen*), *mandu̩* (*mānden*).
7. *uf of* (< *ūf*) auf Präp und Adv, (*di*)*ufm̩* (< [*dār*] *ūffen*), *usn̩* (< *ūzen*), *dosn̩* (< *dā ūzen*): neben südl *əf af auf āf*, *draup drūf*, *ausn̩*, *d*(*ɪ*)*ausn̩*; *sin* (< *sīn*): neben südl *saɪn saɪ san sæn sen*; *hind*(ə) (< *hīnte*) heute (nachts): neben südl *haɪndf*.

Anm. Um die Übergänge an den Grenzen zu markieren, über die hinaus das historische Vogtland meist reichte, habe ich in der Einzeldarstellung der Laute zuweilen einzelne Orte jenseit des vogtl Sprachgebietes mit berücksichtigt: Klingenthal-Brunndöbra (östl von SOb) und Oberkrinitz-Kirchberg (östl von SM SU): im (obpfvogtl) Erzg; Blankenhain-Wünschendorf-Mosen-Endschütz-Gera und weitere Umgebung (nördl von RU), ⁕Weida-Auma (nordwestl von RU), Pössneck-Ziegenrücker Gegend (nordwestl von RO): im Obs-Thür; Enchenreuth (südwestl von BSc): im Bambg-Frk; Gefrees (südl von BSa): im Bayreuthisch-Frk, ua; dann besonders (weil in SV und jetzt vogtl-obpf), doch untergeordnet, SObpf im S von SOb.

B. Lautliche Charakteristik der vogtländischen Mundart.

I. Lautliche Hauptcharakteristika der vogtländischen Mundart.

§ 22. Was haben die vogtl Untermundarten Gemeinsames, mit andern Worten: welches sind die Hauptcharakteristika des Vogtländischen?

1. Das durch die ganze Geschichte des Lautwandels wie

ein roter Faden sich ziehende oberste Gesetz: die nhd gedehnten mit den mhd langen Vokalen — zB gegen das benachbarte Obpf — zusammenfallen zu lassen. Darum mhd $\bar{a}$ und $a > \bar{o}$ usf, mhd $\bar{o}$ und $o > u\partial$ $\bar{u}$ ua, mhd $\bar{æ}$ und e $\ddot{a}$ nebst $\ddot{e} > \bar{e}$ oder $\ddot{a}$ ua, mhd $\bar{æ}$ nebst $\bar{e}$ ($\bar{æ}$) und $\ddot{o}$ nebst e $\ddot{e} > i\partial$ $\bar{\imath}$ oder $\bar{e}$ ua, md $\bar{u}$ ($< uo$) und $u > \bar{u}$ (ou uä), md $\bar{u}$ ($< \ddot{u}e$) $\bar{\imath}$ ($< ie$) und $\ddot{u}$ $i > \bar{\imath}$ (ei uä).

2. **Alte und neue Diphthonge** sind — gegen das Obpf — (wenigstens im freien Lautwandel) so gut wie differenziert erhalten. Die neuen Diphthonge haben die diphthongische Aussprache ai au uä; die alten sind monophthongiert zu $\bar{a}$ ua ($<$ mhd ou), $\bar{a}$ $\bar{æ}$ ($\bar{\epsilon}$ $\bar{e}$) uä ($<$ mhd ei und $öu$).

3. **Alte und neue Spiranten fallen** — gegen das Obpf — zusammen; Geminata wird nicht mehr gesprochen.

4. **Die echte Media fehlt.** Media und Tenuis sind in einem stimmlosen Laut mit allmählicher Lippenlösung aufgegangen. Die im allgemeinen nach Massgabe der hd geltenden rhythmischen Verhältnisse abgestuften Quantitäts- oder Intensitätsunterschiede bewegen sich in Leniora und Fortiora, die sich nur wenig von einer neutralen Mittelstärke entfernen.

5. **Anlautendes** j **ist zu** g **geworden, inlautendes zu** χ (oder i [$<$ nhd?]) und fällt so mit (palatalem) g zusammen, das (wie b) anlautend Explosivlaut g (b), im Inlaut Spirant χ x (w) ist. Anlautend g und k vor Liquiden und Nasalen fallen zusammen in gl gl $g\eta$ oder dl dn.

6. $p(p)$ und $mp > bf$ und mbf ist im In- und Auslaut so gut wie regelmässig durchgeführt.

7. **Das Streben, alveolares** r **mit dem Zäpfchen-**r zu vertauschen, soweit noch nicht geschehen, ist kräftig.

8. **Es herscht durchgängig Einwirkung der Liquiden und Nasale auf Qualität**, meist auch auf Quantität vorangehender Vokale; kombinatorischer Lautwandel ist also kräftig entwickelt.

9. **Mit Länge wird gern enger** (der deshalb oft in einen Diphthong übergeht), **mit Kürze weiter Vokal** ver-

bunden — eine Regel, der neuerdings auch die hd Umgangssprache sich mehr und mehr zuzustreben bemüht, besonders in den *e*-Lauten.

10. **Lautliche Momente** betont die Ma den etymologischen gegenüber schärfer — im Widerspruch zB mit der Schriftsprache, wie an verschiedenen Orten gezeigt werden soll; dem Prinzip der Analogiewirkung gewährt sie freiesten Lauf.

Anm. 1. Diese beiden letzten Punkte kommen sicher wohl allen Mundarten — wenn auch in verschiedenem Grade — zu, im Gegensatz zur Schriftsprache. Dieser Gegensatz beruht einfach darauf, dass jene Ohrensprachen sind, diese Augensprache ist. Nur dem Sprecher kommt — wie ich tatsächlich beobachtet — kurz nachdem er *įx mus* 'ich muss' ausgesprochen, die analoge Bildung *mį musŋ* 'wir müssen' in den Mund, und auf *mį mis̨ŋ* folgt *įx mis*, auf *įx wæs* 'ich weiss' folgt *mį wæs̨ŋ* 'wir wissen'; nicht aber folgt auf *mį wis̨ŋ* etwa *įx wis*, weil die Formel *įx wæs* durch häufigen Gebrauch unumstösslich geworden ist.

Anm. 2. Die von WEISE 6 angeführten Merkmale können für das Vogtl, »das bis nahe an Gera hinreicht«, nicht allgemein Gültigkeit haben. Zu 1) = das Vogtländische entfernt auslautendes *e* meist — vgl Lauterscheinungsgrenze 2 (oben S 13 f); zu 2) = mhd *ei* wird im Vogtländischen zu *æ* und *ou* zu *ā* oder *æ* — vgl Grenzlinie 9 (S 18) und § 22, 2; zu 3) = der Vogtländer sagt *nid, næd, nigs, nægs* für nicht und nichts — vgl die Grenzlinien 4 und 5 (S 15 f).

2. Zeitfolge des Lautwandels.

§ 23. Eine Zeittabelle der Geschichte des Lautwandels besonders nach inneren Gründen sei dem angefügt. Die ahd Sprachperiode war so gut wie abgeschlossen, als das Gros der Kolonisten aus dem W, S und N vogtl Boden betrat. Es handelt sich hier also um die reichen Wandlungen in der mhd Periode und in der Übergangszeit zur nhd, die wir als spätmhd oder einfach auch mit mhd fernerhin bezeichnen.

Zwei feste Kriterien stehen uns hierzu zu Gebote:

erstens die Dehnung alter Kürze, die, unabhängig von der Qualität des Vokals, unter gleichen rhythmischen Bedingungen lokal gleichzeitig eingetreten sein muss;

zweitens die Diphthongierung alter Länge $\bar{\imath}$ $\bar{u}$ $\bar{y}$ (iu $i\ddot{u}$), die zeitlich fest ist: sogar in den Urkunden ist sie schon

1328 fürs Vogtl vollständig durchgeführt; 1274 war sie nach deren Zeugnis schon in vollem Gange; bereits 1224 ist sie an der vogtl Grenze für Ortsnamen in Westböhmen bezeugt.

1. Die mhd Diphthonge *ei ou öu* mussten bereits in der Wandlung zu Monophthongen (nach *ai *au *ay hin) begriffen sein, bevor
2. die mhd Monophthonge $\bar{\imath}$ $\bar{u}$ $\bar{y}$ (*iu*) zu den Diphthongen *ei *ou *oy (für *öu* und *eu*) gewandelt waren, da beide getrennt erhalten sind (wenigstens im freien Lautwandel).
3. Darnach erst darf Vollendung des Monophthongierungsprozesses der mhd *ie uo üe* zu $\bar{\imath}$ $\bar{u}$ $\bar{y}$ angesetzt werden, ebenso
4. die der Dehnung der mhd *i u ü* und damit natürlich auch die der übrigen Kürzen *a e ë ä o ö*.
5. Die Nasalierung und der damit verbundene Lautwandel, wie mhd $\bar{o}$ und tl *o* > $\bar{ą}$ in *lą̄* Lohn, *dą̄nŗ* Donner / *lā*, *dānŗ*; mhd $\bar{a}$ und tl *a* > $\bar{ą}$ in $\bar{ą}nǫ$ ohne, *mą̄* Mann/*ānŗ*, *mā̊*; lange und gedehnte *e*-Laute > *ǣ*-Lauten in *lǣ* Löhne, *dǣnǫ* dehnen /*lǣ*, *dǣnŗ*, muss als völlig im Gange angenommen werden, ehe
6. die Diphthongierung von mhd $\bar{o}$ und tl *o* zu *uə* uä, mhd $\bar{æ}$ und tl *ö* und $\bar{e}$ nebst gedehnten *e*-Lauten zu *iə* uä hat eintreten dürfen.
7. Nun erst kann mhd $\bar{a}$ und tl *a* im spontanen Lautwandel zu $\bar{o}$ uä geworden sein und damit parallel ä ($\bar{e}$)-Laute zu $\bar{e}$ uä (vgl *Keess* Käse um 1500).
8. Sicher nach der Dehnung (oben 4), Nasalierung (5) und dem Wandel der *a*-Laute zu $\bar{o}$ *o* ist die Assimilierung der Lautgruppen *-ben* > *-m*, *-gen -chen* (dies nur nach langem Vokal und *l r n*) > *-ŋ* — ferner *-den -sen -ʒen* zT > *-n* — anzusetzen: vgl *rómkā̊l* (< *raben-kurl*) dummer Kerl, *geιm* (< *gëben*) auch in nasalierenden Gegenden wie bei Schöneck, aber *brą̄mŗ* (< *brāme*) Brombeerstrauch, *brāmŗ* Pl (< *brāmen*). — Zeit: urk 1332 *sengen* (< *sëgenen*) = ma *sēŋə* segnen, 1436 *ferting* = ma *færdiŋ* fertigen.

9. Apokope kann erst vollständig stattgefunden haben, nachdem zB *kopf* zu *kuǫbf*, *köpfe* zu *kebfə* jetzt *kebf* gewandelt war. Ob sich in dem *kūbf - kibf* in BSa, BSe, zT RO eine früher eingetretene Apokope oder ein Ausgleich erkennen lässt, bedarf noch spezieller Nachforschung.

10. Synkope ist auch erst jetzt — wie die Qualität des Vokals ergiebt — anzusetzen: es heisst *šobd gəšóbd* < *schabet geschabet*; *blogd* < *pläget* im S. In *gsagd* gegenüber *blogd* zu *šö̇ŋ blö̇ŋ* uä spricht sich für den S der vielleicht etwas frühere Wandel des mhd *ū* > *ō* aus. In *bad* badet, *šad* schadet, *gəbád* gebadet, *gəšád* geschadet, hat die Ma die lautgerechten Weiterbildungen bereits synkopierter Formen. In dem Inf *ham* 'haben' gegenüber *hōm* liegt eine Ausgleichungsform vor, vgl Sg *hō hosd hōd* oder *hod*: Pl *ham had ham*, Part *gəhád(n)*. *amd* und *ōmd* Abend neben *ŭmd ŭmḍ* und *ŭmsd ŭmsd* abends (*Abend) am O- und W-Rand, stellen drei verschiedene Zeiten der Synkopierung dar.

11. Im allgemeinen hatte sich **ai *au *ay* (< mhd *ei ou öu*, vgl oben unter 1) bereits weiter zu **ai̯ *au̯ *ay̯* gewandelt, ebenso **ei *ou *oy* (*öu* oder *eu*) (< mhd *ī ū ȳ*, vgl oben unter 2) zu **ai *au *ay*, wie die wenigen Kürzungen alter Diphthonge, die reichlichen Kürzungen neuer Diphthonge mit der Lautqualität **a* = phonet *a* (wenigstens im Hauptstocke) beweisen. Andere Lautqualität ist wohl bedingt durch Eintreten der Synkopierung, Verkürzung zu anderer Zeit, durch die örtliche Aussprache der neuen Diphthonge, der alten, die jetzt monophthongisch gesprochen, durch Zusammenfall oder Nichtzusammenfall mit *e*-Lauten — Zusammenfall hatte für den S *æ- ɛ*-Laute zur Folge, für den N (nach Grenzlinie 3 [S 14]) *a*-Laute gegen sonstiges regelmässiges *a/æ ɛ*.

12. Erst nach der Apokope des auslautenden *-ə* (oben 9) kann *-en* nach (altem wie neuem) Nasal und nach vo-

kalischem Stammauslaut zu -ą -ę -ę̈ — ob zu -ą̈ -ę̈ -ę̈, steht nicht fest — aufgelöst worden sein.

13. *áį *áų *áy (vgl oben unter 11) haben sich — sicher nach dem Wandel von mhd ë ä ǣ > ē — monophthongiert zu *ā > ā̈, indem sich der zweite, überkurz gewordene Komponent gar an den ersten assimilierte.

Anm 1. Mit dem Ende der mhd Periode (1500) werden alle diese Prozesse — vielleicht ausser 13 — so gut wie abgeschlossen gewesen sein. — Im Frk-W hatte der Lautwandlungsprozess damit noch kein Ende erreicht. Um differensierte Reihen differenziert zu erhalten, liess man die Monophthonge ū (< mhd uo), die neuen Dehnungen ū (< mhd u) sT, die ī-Laute (für mhd ie üe sT auch für i ü) — im Gegensatz zu BSa, im ganzen auch zu RU — nachrückenden u- und i-Lauten (< mhd ō o und ǣ ē ü ö e) ausweichen, die immer enger ausgesprochen wurden und zuletzt ū und ī waren, während jene in gleichem Schritte weiter ausgesprochen wurden und sich zu ō ē, ou ei, ɔu æi oder sogar zu au ai (áu ái) wandelten, je nach der Lage von N nach S bis zu den höchsten Orten im Frk-W.

14. Substitution des ursprünglich alveolaren *r* durch das moderne Zäpfchen-ʀ ist kaum vor Anfang dieses Jahrhunderts in ihren ersten Anfängen anzunehmen. Der Vorgang kann tagtäglich beobachtet werden.

Anm 2. Gerade in der Aussprache dieser Laute spiegeln sich alle Schattierungen der sozialen, örtlichen und der Unterschiede nach Altersstufen wieder. Völlig uvular; Schwanken zwischen uvular, alveolar oder Artikulation beider zugleich, je nach der lautlichen Umgebung, je nach Deutlichkeit, je nach Stellung des Mitsprechenden; völlig alveolar: sind die drei grossen Stufen, eine Menge Laute, wie *r* ʀ S(NW) us, noch nicht eingerechnet.

15. Neueste Zeit: Beginn des lautlichen Verfalls durch zersetzende Wirkungen von oben, von aussen; Erlahmung des ma Sprachgeistes und damit zunehmende Unfähigkeit der ma Gesetze produktiv zu wirken, besonders Entlehnungen im Wortschatz gegenüber: statt 'Rabe' den ma Stempel, wie einst 'Wohlrab' > ma *Wųęhǭb*, aufzudrücken, behält man das allgemein md *čāwę* bei; 'Gardinen' werden statt zu *gaɹdīnę* zu *gàɹdī́ŋ* nach obs Art. Von oben droht besonders den *ō* (< mhd ā), *iə uə* (< mhd *e- o*-Lauten), *ā* (< mhd *ei ou* und namentlich < Entsprechungen für *öu* und für *ü*-Laute) Gefahr; von

aussen, dh vom Obs, den ǣ, weniger den ä̀ (< mhd
ei und ou). Um Zwickau kennt der Bauer noch ä̀,
Zwickau selbst meist nur noch ō ɔ̄ ǣ für mhd ou. In
Gera ist der historischen Entwicklung der Sprache
gemäss ä̀ altem ou entsprechend; die 'ein wenig feiner
sprechen wollen', sagen jetzt ō ɔ̄. Namentlich der ganze
NO ist als Industriegegend auf dem besten Wege zu
'versächseln'. — Alles geht Hand in Hand mit dem
Niedergang des echten Volkstums.

Anm 3. Eine Bemerkung zu 'Lautgesetz'. Auf dem gesamten
vogtl Boden ist mhd ou zu ä̀ geworden, eine Ausnahme eines tatsächlich
vogtl Wortes gegen diese Regel müsste man mir erst nachweisen. Folglich hat ein 'ausnahmslos lautgesetzlicher' Wandel statt. Wenn nun heute,
wie zB in Gera, ō in wirklich einheimischen Wörtern neben dem ä̀ auftreten, und — wie wohl schon jetzt vorauszusehen — einst nur ō herschen wird, so bleibt trotzdem das vogtl Lautgesetz zurecht bestehen.
Denn niemand, scheint mir, wird dann behaupten, dass mhd ou vogtl
zu ō gewandelt worden sei, wo das von aussen eingewanderte, von
oben nach unten durchgesickerte obs ō an die Stelle von vogtl ä̀ getreten ist. In solchem Falle kann nur von Lautsubstitution, nicht
von 'lautgesetzlichem' Wandel gesprochen werden. Und gesetzt, es
hätte einst eine obs-md Umgangssprache das gesamte vogtl Gebiet
erobert, dann kann, wie niemand mehr von einer vogtländischen Mundart wird sprechen können, auch keine Rede mehr von vogtl Lautgesetzen sein, die auf jene zukünftige Umgangssprache Anwendung
fänden. Allenfalls würden sich — da einmal Vorhandenes nicht unterzu gehen pflegt, ohne Spuren zu hinterlassen — Kreuzungen von Lautgesetzen ergeben können, oder aber auch nicht. Die aggressive Seite
wird zuletzt gesiegt haben, die regressive in den Bergen eine Weile noch
ein bescheidenes Dasein führen, bis auch sie dem Stärkeren unterliegt.

C. Wortbildung.

§ 24. Was wir bisher über innere und äussere Grenzen,
Einteilung und Stellung des Vogtl aufgestellt haben, geschäh
in der Hauptsache auf Grund lautlicher Kriterien. Die
andern Gebiete der Grammatik (Wortbildungs-, Bedeutungslehre, Syntax), ferner der Wortschatz, die
Namen, endlich die Geschichte können das Behauptete
nur bestätigen.

— 44 —

Ich gebe im folgenden, soweit möglich, immer Belege von SW nach NO oder von S nach N, um die Abstufungen vom Westmd zum Ostmd (Ostfrk zum Obs-Thür), vom Obd zum Md (Obpf zum Thür-Obs) anschaulich zu machen. Die Übersicht kann gleichzeitig den betreffenden Teil der Grammatik vertreten.

1. Verbum.

§ 25. 1. sein und haben: Inf $s\bar{q}/s\bar{q}/s\bar{u}/saɩ/saɩn/sin$; Pl Präs $mɩ$ oder $sɩ̣$ $(sa̤)$ san sæn, ïər sᴜd sæd/$mɩ̣$ oder sə saɩ, ïʋ saɩd/$mɩ̣$ oder sə saɩn, ïʋ saɩd/$mɩ̣$ oder sə sin, ïʋ sid; 3. Sg Präs īs is (md is für ist)/id* im W; Part $ga̤wēsd$, $gwēsn̥/gəwäsd, gəwa̤sn̥$.

Inf $h a̤n$ $(< hān)$ hōm ham $(< haben)$/hōm ham/hōbə hōb; Pl Präs $mɩ̣$ han ham/$mɩ̣$ hᴜn hum, əɩ had/əɩ hud, sa̤ han ham/sə hun hum; kád gəhádṳ/gəha̤d.

2. 1. Sg Ind Präs: $i\chi$ ᴡïəɩ (mhd ich wirde)/$i\chi$ ᴡāɩ (mhd ich *werde), $i\chi$ dɩɩ̌š/$i\chi$ dɩɛš ich dresche, $i\chi$ is/$i\chi$ as ich esse; dazu die Imper: ᴡïəɩ/ᴡāɩ, dɩɩ̌š/dɩɛš, is/as. Aber $i\chi$ lēs ich lese, dɩēd trete, dnēd knete, $bfl\bar{e}\chi$ pflege, mæs messe/$i\chi$ lās, dɩād, dnād, $bfl\ddot{a}x$, mas; dazu die Imper: lēs, dɩēd, dnēd, $bfl\bar{e}\chi$, mas/lās, dɩād, dnād, $bfl\ddot{a}x$, mas. Ferner $i\chi$ siχ $(< sich)$/$i\chi$ siə $(< *sē < *sëhe)$ (neben siχ†)/$i\chi$ sā $(< *sëhe)$ (neben siχ†); dazu die Imper siχ/siə (siχ†)/sā (siχ†).

3. Partizip: $ga̤wōrn$ gᴡüəɩn/ᴡüəɩn geworden; des musdɩ̣ gfaln glōn/des musdɩ̣ gəfáln lōn/des musdɩ̣ lᴀs gəfálə das musst du dir gefallen lassen; dū hesd sa̤ gïə lōn sèln/dou hesd sə sèl lᴀs gin du hättest sie gehen lassen sollen. Vgl den einfachen und verstärkten Infinitiv: des musmɩ̣ sōn̥/im SW des mismɩ̣ gəsōx $(< gesag[en])$ das muss man sagen; $i\chi$ ha̤ gsagd/$i\chi$ hō gsogd/$i\chi$ hō gəsōxd/$i\chi$ hōb gəsád gəséd ich habe gesagt.

4. Das Präteritum ist ausser in den Hülfsverben — wie Ind ᴡāɩ war, Konj ᴡǟɩ; ᴡüəɩ, ᴡïəɩ neben ᴡüəɩ (< obd wurde); kund (T)/kand konnte, Konj kænd (T) kɛnd/kind; wold wod/wuld wollte, Konj weld wed/weld; sold sod/suld sollte,

Konj *seld sed, seld*; *musd / mosd* musste, Konj *misd / mesd*; *moxd, məχd / mœχd* (*möhte, mehte muhte*); *doɪfd, deɪf / daɪfdɔ* durfte; *had / hed* (Ind mhd *hete* nach obd Weise) / *hudɔ* hatte, Konj *hœd / hed* usf — nur in beschränktem Gebrauch, besonders im S, wo zB in BSa nur *gaŋ* 'ging' in der Redensart *idsd gaŋs ą̊* 'jetzt ging 's an' gäng und gäbe sein soll: es besteht Vorherschen des umschriebenen Perfekts, soweit das eingeschobene *ho χ gǝ̦sógd gǝsóxd* 'ich habe gesagt' reicht; Vorherschen des Präteritums, sobald *sād ịχ, sādχ, sēdχ* 'sagte ich' gebräuchlich ist (nordöstl von Auerbach - Lengenfeld - Reichenbach - Greiz, nordwestl von Zeulenroda - Schleiz).

a) Häufiger sind, meist nur in der rein erzählenden Form, oft gebrauchte starke Präterita, wie *sōx* sah, *sēx* sähe; *sōs sōds* sass, *sēs sēds* sässe; *gōb* gab, *gēb* gäbe; *kām* kam, *kǣm* käme, *his* hiess ua, die regelrecht aus mhd Formen entstanden sind; wie (obd) *gāŋ* ging, *šbɪāŋ* sprang, *hāŋ* hing, *dlāŋ* klang, dazu der Konj *gǣŋ*, der wohl Analogiebildung nach *kām*: *kǣm*; wie (md) *gūŋ* ging, *fūŋ* fing, *blūb* blieb, *lūs* liess, *fūl* fiel, *hūld* hielt (mehr nordwärts), die wohl Analogiebildung nach *dɪūx* trug; wie (md) *guŋ, fuŋ, huŋ, luf* lief ua, die wohl Analogiebildung nach *šdund* stand; wie *giŋ fiŋ hiŋ, blib lis fil hild lif*, die gefühlte Umlaute dazu, aber auch nach *šdind* stünde, *dɪiχ* trüge gebildet sein können; wie *holf* half, *gold* galt, *worf* warf, *šdorb* starb ua, wo der Vokal des Partizips eingedrungen; wie *sand* sah, *sœnd* sähe, nach vermeintlichem Präsensstamm *sen(d)*- (vgl Pl Ind Präs *sœnə*) und zu *šdand* stand, *šdœnd* stände uä; wie *sā* sah, *sǣ* sähe, die sich so jenen gegenüber als Entlehnungen aus dem Hd kennzeichnen. Seltener gehört werden: *flūəx* flog *flüəχ, dsüəx* zog *dsïəχ*; *fūx* frug *fūχ, būg(ŋ)†* buk, *šlūx* schlug *šlüχ, fūəi* fuhr *fïəi*; *dɪōf* traf *duēf*; *gɪüt†* weinte; *šmis* schmiss, (obd) *šnid* schnitt *šnīdŋ* (*sniten*) schnitten usf; die Konj *sif* mhd *süffe*), *bɪēχ* (mhd *brǣche*) usf.

b) Das schwache Präteritum ist wenigstens im N so gut wie gewöhnlich. Allgemein ist zunächst *dāxd* (S *dæŋd*) *bɪāxd / daxd bɪaxd / duxdə bɪœxdə* dachte brachte; die übrigen bilden das Präteritum südl von der Grenze des Abfalls des auslautenden *e* (oben S 13 f) auf *-əd -ạd -ẹd*: *sōxəd* sagte, *gṛèiχạd gūχẹd* kriegte ua, nördl davon auf *-d(ə)*: *sä̆də sä̆dẹ*† *sǣdə sēdẹ* sagte, *lēdə* (mhd *leite*) legte ua; vgl *kạ̈mạdṇ* kamen (zT im S), *hīləd* hielt (SM).

c) Mehr im S wird ein Konditional (= Opt Prät), welcher stärker in Gebrauch ist als das schwache Prät Ind (das dort durch das Perfekt lieber ausgedrückt wird) so gut wie von jedem Verbum, auf dieselbe Weise wie der Ind, auf *-əd -ạd -ẹd* gebildet: *iχ bagəd* ich packte, backte = würde backen, *iχ sōxẹd* ich sagte, *hauạd* 'haute' ua. Stark und schwach zugleich: *kǣmạdṇ* kämen, *sdeiwẹd* stürbe, *hiwəd* hiebe ua, aber auch *hīləd* hielte, *wüəiẹd* und *wiəiəd* würde (zu den Infinitiven *haldṇ*, *wǣin*), *iχ sdǣnəd* ich stände (zu Pl Ind Präs *sdǣnə*), *iχ gēχəd* ich ginge (zu Pl Präs *mṛ gəŋạ*; Nentschau in BSa), *dəifẹd daifəd* durfte (nach dem Präsens *dəifṃ*, *iχ daif*) usf. Gewöhnlicher, auch in SM, ist hier Umschreibung mit *dēd*: *iχ dēd mīd maxṇ* 'ich täte mit machen'; *iχ wed ṛ dēd əiẹ guiŋ* (mhd *ich *wöllte ër täte *irer kriegen*, dh Schläge). Konsequent bildet der S zu seinem Perfekt-Präteritum *iχ hō̜ s gəógd* 'ich hab 's gesagt' die zweite Vergangenheit *iχ hō s gəógd gəhàdṇ*) oder *kàd*.

5. Ausgleichungen — der Vokal ist oft nur bedingt durch den zeitlich unmittelbar vorausgegangenen — haben stattgefunden zT in: *iχ mus, mṛ misṇ/iχ mis, mṛ misṇ* (§ 22 Anm 1); promiscue: *əχ mis, əχ mus, mṛ musṇ, mṛ misṇ*; *iχ kạ̈, mṛ kạ̈* (Fichtelgebirge), *mṛ kinə* (mhd *wir künnen*), *mṛ kenạ/iχ kạ̈, mṛ kænẹ/iχ kan, mṛ kinə* (mhd *künnen*); *iχ darf (< *dürf), mṛ dəifṃ/iχ dəif (< *dürf), mṛ dəifṃ/iχ dǣif (< *dürf), mṛ dǣifṃ; iχ was, mṛ wasṇ*, mṛ wisṇ* wissen; *iχ sel, mṛ seln* sollen; *iχ wil, mṛ weln (< weln); iχ däx (< toug), mṛ däŋ, iχ dīχ, mṛ diŋ (< tügen)* taugen. Konditional darnach *däxəd* und *dīχed*, woneben noch *doxd deχd* (mhd *tohte töhte*) als Präteritalformen stehen; *iχ fṛgin, mṛ fṛginə (< vergünnen)* ua.

6. Übertritt aus der einen Ablautsreihe in eine andere ist anzunehmen in *slīsṇ* (mhd *slīzen*) *slos slosṇ gəslósṇ* gegen *slaisṇ** (Helmsgrün in RO). In *grifṃ* (HEDRICH

14 f) *grofṃ* 'gegriffen' liegt nur scheinbarer Übertritt in die zweite Ablautsreihe vor, da es sicherlich identisch ist mit dem obpf *greifṃ* (mhd *grieffen*): *gıaıfṃ*; *laıdṇ* läuten *gəłı̊dṇ*: *laüdə* (im N); *haüə hā̊ę* hauen *hīb gəhīm*: *gəháüə gəhä̊[n]* *gəhä̊d*; *hā̊sṇ* heissen *his hisṇ gahisṇ*: *gəhä̊sṇ* usf.

7. Starke und schwache Bildungen stehen nebeneinander: *fuǖx fıēxəd fıȯxęd* frug fragte, *gawésṇ gəwén gwḗsṇ gwḗsd/gəwä̊sṇ gəwä̊sd* gewesen, *gfaṇǎ gfaṇd/gęfáṇę gəfáṇd* gefangen, *gəsáldsṇ/gəsáldsd* gesalzen, *gəmóln/gəmóld* gemahlen ua.

8. Obd unkontrahierter Infinitiv steht neben md kontrahiertem: *šlā̊ą* (< *slahen*) *sēą* (< *sëhen*) usf/*šlā̊* (< *slān*), *sā̊ sä sän* (< *sēn*)/*sī sı̊l* uä (< *sēn*).

9. Die potenzierten Flexionsformen (noch in T, Greizer Gegend!) — vergleichbar mhd *tuonen* für die nicht erweiterte Form *tuon* im Pl Ind Präs — sind zT einzig und allein durch strikte Durchführung lautlicher Gesetze (*-nen* > *-nǎ -na̤ -nę -nę̣*) bedingt, wobei dann die scheinbar verwischten grammatischen Unterschiede durch neuerliche Anhängung von Flexionsendungen wieder aufgefrischt wurden: Inf und Pl *bǟnı̨ṇą* (mhd **peinigenen)/bānı̨ṇ, dsä̊ṇą* (*zeichenen*)/ *dsǣxṇ dsēxṇ* (*zeichen*), *hofmą/hofṃ* hoffen; bes Pl *šlaną* (**slānen*) schlagen, *duną* (*tuonen*) tun, *geṇą gǣnę* gehen, *šdeṇą šdǣnę* stehen, *sǣnę* (**sēnen*) sehen, analog *dsǣnę* (**zēnen*) ziehen/*šlā, dan dun, gǣn* usf (im S) — *dūn, gīn, šdīn, sän sīn* (im N).

2. Nomen.

§ 26. Substantiv.

1. Dieselben Erweiterungen finden sich natürlich auch in der Deklination: *din ā̊ṇą, ā̊ṇęn* (mhd **dinne [dën] ougenen)/duın ä̊xı, ä̊xən; də šaną* (**schiunen*) / *šaıṇ šın* Scheunen; *dı̣ hǣnšı̣x* Handschuh, Pl *də hǣnšı̨ṇ/hǣnšı̣x*. In der Wortbildung: *dəıdsélı̨ṇ/də ıdsı̊lxṇ* (< *die erzelunge*, eigentlich < *ma *erzeligen*). Im Komparativ: *maıę maıvı maıṇı mǣıṇı* (die zunächst wieder lautlich bedingt sind, dh durch den Wandel von *-rer* > *-ıə*; vgl mhd Komparative

mit neuer Steigerung, wie *mērer mērre mḗrre*)/*mǣɩ mɛ́ɩ* mehr. Im Substantiv (= obd-bair): *balwi̯e̯ɩe̯* Barbier ua.

2. Die Pluralbildung wechselt:

a) Die neutrale Pl-Endung *-er*, die ja sogar auf Mask und Fem übertragen ist, steht oder auch nicht: *sǟlɩ̥*/ *säl* Seile, *kaɩnɩ* (vgl *kaɩnɩ* Körner)/*karn* Kerne; *fīχ* Pl von *fi̯χ* (mhd *vich*)/*feɩχ* (*vëch*)/*fï̯e̯* (* *vē* < *vëhe*) als Kollektiv ohne Pl; *helmɩ* unterscheidet sich von *halm* Halme in der Bedeutung: Strohhalme/Getreidehalme, *de̯ holme̯* 'Halmen' urspr also Pl-Form, jetzt Sg Fem/*holm* (im S) bedeuten die Stoppeln. Ebenso steht lokal *-er* neben *-en* in: *šëlɩ* Schalen, dh geschälte Schalen (vielleicht ist *de̯ šëlɩ* Pl zu *e̯ šëlɩ* etwas auf einmal Abgeschältes) *šoln* nicht geschälte Schalen; vgl *menšɩ̣*/*mænšn̥* Menschen; *bɑ̨ɩmɩ*, *bäm*/*baɩmɩ*, *bǣm bɛm bēm* Bäume, *bilédɩ*/*biléd* Billete. Lokal besteht: *dlidšɩ*/*dlidš* Schläge, *wigsɩ̣*/*wigs* Wichse uä, wo das erste wohl sicher als Pl zu *e̯ dlidšɩ*, das zweite zu *e̯ dlidš* aufzufassen ist.

b) Durch Verwendung des Umlautes als Pl-Bildungsmittel oder nicht finden sich abwechselnd: *æmd* (zu *amd* Abend)/*ōmd* Abende, *šdim*/*šdūm* Stuben (zu *šdū*/ *šdūm* Stube/'Stuben', *nǣmə* (zu *nāmə*)/*nǣmə* Namen, *hund*/ *hind*/*hunə* Hunde/'Hünde'/'Hunden' (auch zu Sg *dɩ hun*) je nach dem lokal geltenden Sg, dessen Form meist Neubildung, Analogiebildung veranlasste.

3. Rückumlaut oder nicht hat verschiedenen Sg zur Folge: *füš* 'Fisch' nach dem Pl *fiš*, *šrug* (< *schric*) 'Sprung im Tongefäss' nach dem Pl *šrig*; aber *dɩ díš* 'der Tisch' zum Pl *de̯ diš*.

4. Das Geschlecht wechselt: *dį də nus*/*dɩ nus* (= ndd; bei G) Nuss, *s dōl†* *däl*/*dɩ dǣl* (= mhd) Tal, *dɩ ōl*/ *də ōl* / *s ōl* Aal; unter dem hd Einflusse wohl: *dɩ lusd†*/ *də lusd* Freude, Lust, *s flag*/*dɩ flag* Fleck, *s oɩd*/*dɩ oɩd* Ort, *s feɩmā̆* Firmenschild/*də feɩmā̆* Firma, *s kàɩnål* Kanal/ *dɩ kànál* grosser = Meereskanal (Gr), *s aɩmüd†* (= mhd)/*də aɩmǘd* Armut, *s däl*/*dɩ däl* Teil, *s laɩm*/*dɩ laɩm* Lärm, *s kǟn*/*dɩ kän* Kahn, *s dunl̥*/*dɩ dunl̥* Tunnel, *dɩ dádum*/ *s dádùm* Datum, *dɩ i̯əl*/*s i̯əl* Öl, *də hāɩ*/*s hāɩ* Haar, *dɩ*

kaɪnigl̥/s kàɪnigl̥ 'Karnickel', *s manl̥/də manl̥* Mandel = 15 Stück, *dʐ fuŋgn̥* (= mhd)*/də fuŋg* die Funke ua. Vom örtlichen Standpunkt ist auszugehen, um entscheiden zu können, ob geographische oder soziale Abweichung vorliegt.

5. Beim Substantivum ist vor allem auf die schwachen Formen aufmerksam zu machen, in denen im S nach dem obd Ausgleichungsprinzip, den Kasus obliquus durchzuführen, die *-en-*Form steht, im N die (ost)md und so nhd Verhältnisse im allgemeinen obwalten. Mask: zB *wàidsn̥* (BSa)*/wäds/ wās* (mhd *weize*; in RO); *säfm̥ / säf sæf sēf sēf* (mhd *seife*), *hä̀wɪn/häwɪ/hǣfɪ* (im NW von RU) Hafer, *gærɪ̀dn̥ / gæɪ̀sd* Gerste, *wolgn̥/wolg* Wolke, *ɪ̀dɪasn̥ / ɪ̀dɪōsn̥ / ɪ̀dɪōs* Strasse, *dàsn̥/daś* Tasche, *bergn̥/beɪg bæɪg baɪg* Birke, *gaɪɪ̥ / gaɪχ* Geige; *kɪədn̥* (mhd *keten*)*/ked* Kette. Fem: zB *suną* (< *sunnen*) Sonne, *hàną* (< *hanen*) Hahn, *bāną* (< *bōnen*) Bohne, *bflqʊ̆mą bflaʊmą* Pflaume*/sun sunę* (< *sunne*), *hā̀, ban, bflaʊm • bflaʊb* nach dem Pl *bflaumę* (< vermeintl *pflaubenen*); *dlōą* (mhd *klāwen*), *gɪōą (krāwen) / dlō* Klaue, *gɪō* Krähe; *mēɪą fōɪą* (**mörhen vorhen*)*/mæɪ* Möhre, *fúęɪàl* Forelle; selten einmal umgekehrt: *kalm* (*kalben*) im N/*kal* (*kalbe*) die Kalbe im S.

Anm. Einst müssen die schwachen Formen auf weiterem Gebiet und mehr verbreitet gewesen sein, vgl DUNGER R 11, 841 usf. In T kommen *gɪaɪdn̥* Kreide, *saɪdn̥* Seide, *æɪdn̥* Erde nur noch selten neben *gɪaɪde, saɪde, æɪde*, die hd Entlehnungen sind, vor. SCHMIDT Topogr 135 führt *fraʊən* Frau, *æbfl̥n* Apfel, *ɪdüm* Stube, *ɪ̀üln* Schule für die Zeit um 1825 in der Reichenfelser Pflege (RU) auf. Das Verhältnis von S zu N kann sich auch einmal umkehren: *fràu/frä/frä/frä/fɪaʊən* (Lodra in RO); *kal/kalm* die Kalbe. Schwache Spuren sprechen noch dafür, dass einst Kasus rektus und Kasus obliquus in der Deklination getrennt gehalten wurden: *də kerɪ̀χ* (1717 *die Kirch*), *undʐ dʐ keɪɪ̀n* (1717 *unter der Kirchen*) während des Gottesdienstes; dem *dəs kerɪn gɪ̀ɛ̀* 'den Gottesdienst besuchen' steht in T noch *naɪ dę kerɪχ* (*hinin* [in] *die kirche*) gegenüber; modern heisst es *ɪn dʐ kerχ, dę ké̀ɪɪlàɪd* Kirchgänger.

§ 27. 1. Das Bildungssuffix *κατ'ἐξοχήν* ist wenigstens für die südliche Hälfte des Vogtl: -*ąd -ęd -əd*. Ausser in dem bereits behandelten Konditional, wo es zunächst aus mhd -*ete* durch Abfall des auslautenden -*e* entstanden, steht es besonders in dem Adjektivum für mhd -*ëht -oht* im S gegenüber -*ɪχ* im N und zwar in den Adjektiven, die nhd

4

auf *-icht* oder *-ig* gebildet sind: *dǣɪəd* (mhd *tǣrëht̆*̧, *lauš̞ed*
lauschig, *šdɪŋgəd* stinkig / *dǣɪiχ*; *laušiχ*, *šdɪŋgiχ*. Ferner
wird es verwandt für das adj Partizip je mehr, je weiter
im S: *s kùmədə gǟɪ* das kommende Jahr, *des hǣŋədę*
lǚdh̥dsäɪχ das 'hängende' = festhaftende 'Luderzeug' (= lieder-
liches Zeug) / im N *hǣŋiχ*, *dliniχ* (= altbg, schles usf; T und
N) glühend, *šdɪniχ* (< *štēndɪc*; P usf in RU = altbg, schles
usf̧. Beeinflusst davon mögen sein: südl *hoχdsəd* / nördl
hoχdsiχ Hochzeit, südl *dnùəwlgd* Knoblauch / nördl *šnidliχ*
(mhd *snit-louch*) Schnittlauch, südl *gɪuməd* Grummet/nördl
gɪumiχ(d)) in RO, wenn nicht hier besser das Suffix *-iχ* für
mhd *-ach -ech* in den Kollektiven, wie in *kǣɪiχ* (mhd *kerach*),
šdäniχ (mhd *steinach steinech*), als Muster angenommen wird.

2. Die Bildung von weiblichen Substantiven ge-
schieht diesseit der Nasalierungsgrenze durch *-ą̆ -ę̆*: *weɪdą̆*
wɪɪdę̆ Wirtin, *bfēwą̆* weiblicher Pfau / jenseit durch *n*:
wɛɪdṇ̥, (*bfáuhæn*) — ob mhd *-in* und md *-in(ne)* entsprechend?

3. Mhd *-unge* entspricht im S *-iŋ* / im N *-iχ -χŋ -χn*
-χɛ: *widərin̥* Witterung / *dauiχ* Teurung (im W), *widiχŋ̥*
widərχu (im N); *mäniŋ̥* / *mēniχu* (Pössneck ua), *mēnχɛ* (im
NO) Meinung: ich halte beide ma Formen für Erweite-
rungen (im schw Fem) oder Nichterweiterungen durch .*-en*
unter Ausfall des *n* in *-unge*.

D. Syntax.

1. Wortstellung.

§ 28. 1. An die von SCHMELLER für das ostlechische
Gebiet konstatierte Stellung des *wæn* erinnern Redens-
arten wie: *des hàus wæn mäɪ wǣɪ, des hēd iχ ša láŋg*
òwaɪsṇ̥ lōn wenn dieses Haus mir gehörte, hätte ich es längst
bereits tünchen lassen; *dés wæn iχ gəwèsd hēd, wǣɪ iχ*
dɪhám gəblìm wenn ich dies gewusst hätte, wäre ich da-
heim geblieben; *d̥(ɪ)in äŋən wæn dɪš wïə dud, dō lḁ̈f faɪ*
dlaɪχ dsṇ̥ dógdɪ wenn dir's in den Augen weh tut, dann lauf
nur gleich zum 'Doktor'; *süə alds dlä̆d wæn iχ naɪ də hǣnd*
gɪiχ, des laɪnd bál widɪ šïə (*aùṣǣ* wenn ich so ein altes

Kleid in die Hände kriege, das 'lernt' bald wieder schön aussehen; *iχ wæn ıcū wǟı, idsə gǣŋ iχ* wenn ich wo wäre, jetzt ginge ich (weg); auch *dı gŭŭsə sūn, ıcos dǟı wǟı, kɔ̄m nóx uf də śŭlę* (Hohenleuben in RU) 'der grosse Sohn (was der war) kam hernach auf die Schule'; *dǣı gúŋ, ıcos kǡ dŋ dǣı ŭ fŗıχdŋ* der Junge, was kann denn der auch verrichten. Das Streben nach starker Hervorhebung des Hauptbegriffes liess diesen an den Anfang treten.

2. Abweichend ist auch die Wortstellung in den aufeinanderfolgenden Inf-Formen: *dū hèsd sə gı̨ę lōn seln/dou hèsd sə sel løs gın* du hättest sie gehen lassen sollen, *dı kǡ siχ idsə sǘ lōn / di kɔ̀n siχ idsd los sıə* (Pössneck usw) die kann sich jetzt sehen lassen, *mı hàms máxŋ lōn / mı hùns los máxŋ* im N und W) wir haben es machen lassen; *kàld dæıf mŗś néd wǟın lōn / kòld dæıf mŗś niχ los wǣə* (Gera) kalt darf man 's nicht werden lassen, wovon die an zweiter Stelle genannten immer ihre Parallelen im Nordoberfrk, wie an der Itz, Rodach, Hasslach haben; ferner *des dǟı hinəwıdı gəfǟın kǡ wǟın* dass der 'hin und wieder' = hin und her gefahren werden kann.

3. Bei zusammengesetzten Verben gilt die Stellung: *ıcæŋ ǡuf mid ǡsŋ gəhǣıd had* wenn ihr aufgehört habt zu essen, *s hŏd ǡ dsə ı̨ęŋę gəfàŋd* oder *gəfàŋę* es hat angefangen zu regnen. Ebenso trennt man die zusammengesetzten Adverbien: *ıōū bisdŋ (dū) hǣı?* woher bist du denn? *ıōū gǣdŋ ı̨ęı hí?* wohin geht ihr denn? *ıōū gesdŋ dù nǡ?* (< *hin-an*; von 'Liebesleuten'.) Vgl ferner: *dō kimd mı dsə gǟı* (oder *gǟı dsə*) *kan ǡufūsŋ* da kommt man zu gar keinem Auffussen, *ıwǡıd ə śǣmıś* ein weit schöneres, *ə śŭə* (mhd *ein so ein*) *naıs hǡus* so ein neues Haus, *ə ı̨ęŋ ę lŭęsę* eine, die ein wenig lose, *s is dsŭ ıcos dùms* 's ist etwas zu Dummes.

2. Reflexive Verbalformen.

§ 29. Beliebt ist sich, ähnlich wie im Französischen, in reflexiven Verbalformen auszudrücken: *s maxd siχ* es macht sich, *śı̨ęd siχ gŭd ā* es sieht sich gut an, *s hǣıd siχ* śię dsū es hört sich schön zu, s dud siχ śla̋e̯χd dįmid hańdĩən es tut sich schlecht damit (mit ihm oder ihr) hantieren, s isd siχ dsú figs wag 'es isst sich zu schnell weg' (das Brot), s ɩ̀a̯xn̥d śiχ bláxd aus es rechnet sich schlecht aus, s gɩa̯i̯fd śiχ néd gūd nä̀ es greift sich nicht gut (hin-) an usf, was nhd am besten durch 'man kann' usw, 'es wird' usw übersetzt wird. Vgl ferner: s hód siχ wòs 'es hat sich was', es ist dir nicht zu Willen; s hód siχ gəä́n̥d (mhd geöugent gezeigt) und andere Ausdrücke, die sich auf den Aberglauben beziehen, wie s hód siχ wòs g'a̯ɩəfi̯e̯ɩd (zu frz arriver).

3. Pronomen.

§ 30. 1. Die Verbindung von Präposition mit Pronomen der dritten Person ist nicht mehr überall in Gebrauch; man hilft sich durch verschiedene Mittel: funə (mhd von im̀e̯ŋ) /fin̥ę /fų dan, fɩ̥ dan, fįn dan, dɩfä̀ (T); funɩ̥ (von ir[ę]) /fɩ̥nɩ̥ /fų dä́ɩə (< dérer = Erweiterungsform, parallel zu nhd 'denen'), dɩfá (T); midnə (< mit *inen), midɩ̥ dįmíd (T) usf. In T sagt man zB nicht anders als: mid wä̀n (oder moderner wä̀m) bisdn̥ (dū) hám gan̥ę̀? 'mit wem bist du denn heim gegangen'? — 'midɩ̥ Séfəɩę 'mit der Schäferin'. dō bi iχ s ledsdę mǫ̌l ä́ dįmid hä̀m gan̥ę̀' 'mit der bin ich das letzte Mal auch heim gegangen'. dɩ Hánsgèɩχ kimd 'der Hansjürge kommt'. — 'galę, mɩ ham idsę gəɩò dɩfä̀ gəɩéd' 'gelt, wir haben jetzt gerade von ihm geredet'. idsə wäɩ də dɩa̯i̯i̯s̀ Rigę mid sedn̥ ka̯en díχlęn dō, dès hamɩ̥ dɩfä̀ gəkä́fd 'jetzt war die treu'en'sche Rike mit 'sotanen' schönen Tüchlein da, das haben wir von ihr gekauft'.

2. *sich* kann zT als allgemeines **Reflexivum** verwandt werden: nōx hamɩ̥ uns ágəba̯ud nachher haben wir uns angebaut/na̋uxwa̯ɩdsiχ hamɩ̥ siχ án̥gəba̯ud (Gama RO, auch ganz im NO) hernach haben wir uns angebaut.

3. Als **Relativum** verwendet man (ausser regelmässigem dä̀ɩ usf), wos/wū: dies namentlich in BV und RV, zB dēs háus wòs das Haus, das; dä̀ɩ wǜ der, der oder den; di̥ wǜ mäɩ is die mir gehört.

4. Rektion.

§ 31. In der Rektion ist die eine Gegend mehr, die andere weniger dem mhd Verhältnis treu geblieben: *nàɩ dɩ̥ śdód* in die Stadt (b Pl-Tanna ua) / *nàɩ də śdád* uä; T hat wohl ganz streng die alte Rektion bewahrt, ich kenne nur die leicht erklärbare Ausnahme *nēm mï̥ɛɩ śdeldədę̥ dɩχ hï* neben mich stellst du dich hin; *gēŋ mï̥ɛɩ sɐɩdɩ̥ dox alə(s) nā̊ɩ bóɩdsl̥* gegen mich seid Ihr doch alle nur 'Bürzel' zeigt sogar Bewahrung des mhd gegen den im Nhd eingedrungenen ndd Gebrauch.

5. Genetiv Singularis.

§ 32. 1. Der Genetiv Singularis von Personennamen steht elliptisch zur Bezeichnung der Familie, wie *Sɐɩfɩ̥ds* die Familie Seifert; der Tochter des Hauses, wie *Sɐɩfɩ̥ds*; *bn Sɐɩfɩ̥d* in der Familie Seifert / *bə Sɐɩfɩ̥ds* (städtisch und wohl obs); *dɩ Sɐɩfɩ̥d* kann den *Sɐ́ɩfɩ̥ds fàdɩ* (Vater) wie den *Sɐ́ɩfɩ̥ds gùŋ* (Sohn) bezeichnen; *Sɐ́ɩfɩ̥ds mād̥l* (Tochter) ist neben *Sɐɩfɩ̥ds* weniger häufig zu hören als *də Sɐ́ɩfɩ̥ds mād* (Magd), *dɩ Sɐ̀ɩfɩ̥ds kɩ̥gùŋ* 'Kühjunge'; *dɩ Hánsŋ̥sɐɩfɩ̥ds Fɩ̥ɩds* ist Fritz (Friedrich) Seifert, der Sohn vom *Hánsŋ̥sɐɩfɩ̥d*, der zum Unterschiede von mehreren andern Brüdern und weil er *ə Hansŋ̥*, dh die Tochter des mit dem Spitznamen *Hans* bezeichneten *Hāɩ̯iŋ* geheiratet, so genannt wurde. *Hánsgèɩχ* Johann Georg im S zu *hán††* (T) Johann / *Hànhɛ́nu̯iχ* Johann Heinrich im N (Steinsdf b Weida); vgl *dɩ̥ Sɐɩfɩ̥d Ēmīl* (ganz im S und O) / *dɩ Sɐɩfɩ̥ds Ēmīl* (sonst).

2. Die genetivischen Diminutivbildungen *fáŋəlęs* (*fáŋəlɩ̯s*) *mà̊xŋ* oder *śbĭln* (mhd *fangelīns*) decken sich vollständig mit obd-ostfrk Bildungen wie *dógəlæs* (*tockelīns*) uä; manche Gegenden haben statt dieser Redensarten ganz andere Ausdrücke: T hat nur *sɩχ faŋę, sɩχ ənàɩ̥ faŋę, hàxd mà̊xŋ* (< *habech machen*). Die genetivischen Ortsnamen wie *Dēləs* Dehles (1525 *Delas* < *-lains, -leins, -lĭns*) im S entsprechen denen in der Oberpfalz, Ober- und Mittelfranken.

3. Als partitive Genetive können wohl aufgefasst

werden *föl bədáuəins* voll Bedauern, *fil zíməs* viel Rühmens, *sai win áuskumęs hàm* sein bischen Auskommen haben, *kā gios fādilə̇sns* kein grosses Federlesen usf, also als Genetive nach Quantitätsbegriffen. Ob alle Redensarten mit *kā* und dem Genetiv, wie *kā dibáimęs hàm* kein Erbarmen haben, *kā bədáuəins hàm* kein Bedauern haben, *dō is kā̊ sèəs* da kann man nicht säen, *kā fäidixiwäins* kein Fertigwerden, *kā fóidkùmęs* kein Fortkommen, *do hilfd kā̊ dsineⁱdŋs mæi* da hilft kein Zureden mehr uä, ferner wie *dō gəhæⁱid nox diæ̀sns didsū!* da gehört noch (dh vieles) Dreschen dazu!, *s is wùnis néd!* man braucht sich nicht zu wundern!, hierher? Am Ende könnte man bei Redensarten, wie *sai áuskùmęs, sai fóidkùmęs, sai fi̯einæ̀męs* sein Vornehmen, an eine durch jene begünstigte Ausbildung (oder gar durch *s áuskùmę > ə áuskùmęs* ähnlich *èsn sə ásn* ob sie essen?) einer neuen Substantivreihe auf *-ęs < -ens* gegenüber nhd *-en* denken, da das Fühlen eines Genetivs sehr in Frage steht. Noch im N in RU ist diese Erscheinung verbreitet: *s wāi kēn fóidkùməs* (Hohenleuben), *dō weid kē̊ giūs fādilàsns gəmàxd* (Pössneck); ebenso auch in Leipzig, wie zT im Nhd.

6. voller, aller.

§ 33. Die erstarrten, im mhd prädikativ gebrauchten Formen *voller, aller* (zB in *mīn topf ist voller > mai dobf is foli̯,* dann auch *ə dóbf f òli̯*) haben beschränkte Ausbreitung. T kennt weder *foli* noch *ali,* sondern nur das allgemeine *śdili̯,* zB in *bi śdili!* sei stille!; stammt *àx dù áli!* ach! daher oder = 'ach du allerliebster Schöpfer!'?

Anm. Andere mehr allgemein ma Eigenheiten übergehe ich, da ja in diesen einleitenden Kapiteln nur mit einigen typischen Fällen auf die geographischen Unterschiede hingewiesen werden soll.

E. Ortsnamen.

§ 34. Der Wortschatz und speziell die Namen eines Gebietes werfen durch ihre verschiedene Herkunft ein klares Licht auf die Geschichte und namentlich — was

uns Geschichtsquellen so gut wie verschweigen — auf die
Besiedelung eines Kolonisationsgebietes, eines ehemals
von Slaven zT bewohnten Landes.
Varisker (vgl Variscia für Vogtland) und Hermunduren, wohl Ahnen der heutigen 'Düringer', sollen ursprünglich (1. bis 6. Jh) im Lande gewohnt haben. Namen
— wie 'Hainberg' (b Asch, b Weida, b Gera) — auf sie
zurückzuführen, ist eitles Bemühen. Wer sollte denn Träger
dieser Namen sein in der terra Slavorum in der folgenden
halbtausendjährigen Besetzung des Landes bis zum oberen
Main und zur südöstlichen Spitze des Thüringerwaldes
durch die Slaven?

Anm. Ob 'Netzschkau', 'Nentschau', 'Naitschau' = Deutschendorf
nicht auf spätere Kolonisten zu beziehen?

1. Slavische Ortsnamen.

§ 35. Schon die Namen *Sȯɪməds* Sormitz (< **Sorbenitz*)
in RO, Windischengrün in BSe, *Win(d)šŋdȯɪf* Wünschendorf in RU, (*Winiš*)*zúdsdoɪf* Wendischrottmannsdorf in SU
weisen auf die Wenden, die Sorben hin. Für die Einheitlichkeit dieses Stammes auf dem ganzen Gebiete spricht
die Wiederkehr derselben Namen oder der Stämme der
Namen in den verschiedenen Gegenden, wie Ölsnitz Ölschnitz (Mainzufluss), Möschwitz (b Plauen) Moschwitz (b Greiz)
Muschwitz (b Lichtenbg), Döbra (Frk-W) Brunn-, Steindöbra (b Klingenthal) Dobrisch (Fl-N b Pl), Dölau (b Gr)
Döhlau (b Weida, b Hof), Kemnitz (b Pl) Kamnitz besser
wohl Kämnitz (b Berga-Ronneburg) vgl Chemnitz, Losa (S)
Lusen (N). Alles, was direkt, als sicher von diesen Slaven
stammend, auf uns gekommen, beschränkt sich so gut wie
ganz eben auf Namen: Ortsnamen, die ältesten des Landes, auch heute noch einen grossen Bruchteil der vorhandenen ausmachend, wie *El(d)snids* Ölsnitz, *Gɪǣds Gɪǣds*
Greiz, *Šlǣds Šlǣds* Schleiz, *Selwids Sælwids* Selbitz, *Gɪiš-
wids* Chrieschwitz, *Bausę* Pausa, *Blā+ Blauę* Plauen (<
Plawa), *Milę* Mylau, *Gogę* (< *Cocotuia*) Jocketa; Flurnamen, wie *Šōgę* Zschockau (vgl 1267 *Schacowe* für den

Ortsnamen Zschockau), *Sdủęlįds* Stolitz, *Dōwzįš* uä Dobrisch; Bergnamen, wie *Kulm Kolm*, *Dīwrę* Döbra, *Dōwzįš* oder *Dōwįš* Dobrisch, *Sīχlįds* Sieglitz; Flussnamen, wie *Geldš* Göltzsch, *Wirśnįds* Würschnitz, *Sormįds* Sormitz, *Læməds* Lemnitz, *Mūświįds* Muschwitz; Familiennamen, wie *Giǣdšmi̥*, *Grǣdšmau* Kretzschmer, -mar, *Drōbįdš* Tropitzsch, *Guūświįds* Kruschwitz, Gruschwitz.

Beachtung der ältesten erreichbaren urkundlichen, der ältesten ma Formen, Vergleichung mit den übrigen gleicher, ähnlicher Form ausserhalb des Gebietes kann allein einige Sicherheit für die Herkunft verbürgen. *Blä†* entsprach ganz richtig *Plawe Plaw(a) plauwe* (1122—1302), *Blauę* ist neuma nach 'Plauen' (*Plawen* uä *Plauwen* 1301 — 1356); *Sủęlįds* Scholas scheint wie *Rūdəu̯ds* Ruderitz slav Herkunft zu sein, aber das urkundliche *Scholas* von 1464 scheint dagegen zu sprechen und beide würden sich durch Entwicklung sekundärer Vokale, von Svarabhaktivokalen, aus **Rūdį̄ds* (< *Rudhards*), aus *Sủęlds (< *Schōlīns*) erklären. Deutscher Name verbürgt nicht immer deutsche Gründung: *Sdủęlįds* — wenn wirklich = slavisch *Stolitz — ist Flurname im Orte *Sdǣsdörf* Steinsdorf; *Windiš-*, *Windšn-*, *Wændįš-*, *Windįšn-* sind Hinweise auf wendische Siedelungen, deren Namen wechselten. Nur genaue Kenntnis der Mundart kann die Identität von *ȧrlas Mȧrləs ȧrlədsgię̄į̄* erkennen und sie zu mhd *arlizboum* stellen (vgl *ārl ȧrl arl* Ahorn in BSa und BSe), denen *ȧhórnįs* Ahornis in BSa gegenübersteht.

§ 36. Welches Schicksal die Slaven der 'Rundlinge' besonders in den fruchtbaren Tälern bei und nach der Unterwerfung und Kolonisierung (besonders der hügligen Teile) des Landes durch die Deutschen gehabt, davon berichtet uns die Geschichte nichts. Sie werden nur zT hier wohnen geblieben sein; sie nahmen mit dem Joch wohl auch deren Sprache auf: nirgends wird uns — wie etwa im nahen Altenbg, wo man wie in Zwickau erst im 14. Jahrhundert (1327) die Anwendung der wendischen Sprache, wohl zunächst bei j Gericht, verbot — etwas von ihrer Sprache berichtet.

§ 37. So darf es uns nicht Wunder-nehmen, wenn das Vogtl so gut wie keine slavischen Wörter in seinem Wortschatze zählt, wenigstens soweit es sich um direkte Nachkommen jener alten slavischen Idiome handelt: was uns oft als slavische Elemente oktroiert wird, kommt meist eben auch auf deutschem Stammgebiet vor, wohin Slaven nie ihren Einfluss ausgeübt. Sicher sind slavisch: *bumāle̜* (poln *pomalu*), auch mit volksetymologischer Umdeutung *bumādix̨* sachte, *bĭdšu* (poln *pić*) zechen, die aber wie im Nhd polnische Entlehnungen erst aus nhd Zeit (17. Jh) sind. Ob zB *hūs* f Lockruf und Kinderwort für Gans, *bile̜* oder *bĭla̜* n Lockruf und Kinderwort für die jungen noch gelben Gänse (Enten ua) sicher zu böhm 'Huss', zu slav *bily* weiss zu stellen, möchte bezweifelt werden, da beide Worte zB auch auf altem frk Boden wie im Hennebergischen vorkommen und bei *bily* rein sachliche Gründe im Wege stehen. Nur unverzeihliche Unkenntnis der Ma kann Wörter wie *epper, zengst*, dh *eb̥z̨* (< *ëtwăr*), *dsæŋsd* (< *ze ende* + Ableitungs-*s* + rein lautl oder Ableitungs-*t*) zu slavischen oder gar ungarischen Wörtern stempeln wollen. — Auch die lautliche Beeinflussung in ehemaligem Slavengebiet auf die eindringenden deutschen Maa ist noch nicht über jeden Zweifel erhaben, da sich beispielsweise anlautendes *f* für *pf* doch in ganz Thüringen, -*tsch*- in den Verben auch in ganz Westdeutschland findet.

2. Deutsche Ortsnamen.

a. Geschichtliches.

§ 38. Fränkische Kaiser begannen, sächsische vollendeten die Unterwerfung der Slaven und begannen wohl die Germanisierung des Landes. Die eigentliche Kolonisierungszeit ist das 11. und 12. Jahrhundert; schon 1060 wird *Richenbach* Reichenbach genannt, bereits 1174 *Brantbuoch* Brambach in dem gebirgigsten Teil und wohl eine der spätesten Gründungen der grossen Germanisierungszeit. Die im 12. Jahrhundert aus der Unstrutgegend eingewanderten Vögte von Weida werden grosse Verdienste um die Germanisierung haben.

§ 39. In kirchlicher Hinsicht wurde das gesamte bayrische Vogtland und Teile des südwestlichen sächsischen bis herein nach Bobenneukirchen zu Bamberg - Würzburg, die Südspitze zu Regensburg, das mittlere und untere Vogtland zu Zeitz - Naumburg, nur der nordwestlichste Teil von RO zu Saalfeld - Mainz geschlagen. Eine ganz auffällige Identität mit den bereits erwähnten Mundartgrenzen in grossen Zügen ist unverkennbar.

§ 40. Das von den Vögten gewonnene Land wurde später mit dem Namen Vogtland — terra advocatorum — belegt, das auf längere Dauer das obere Saale- und obere und mittlere Elstertal umfasste, sich zu Zeiten aber auf Teile des oberen Eger- und Muldentales erweiterte, so dass also Erzgebirge, Elstergebirge, Fichtelgebirge, Frankenwald im O, S und SW seine natürlichen Grenzen waren. Was man allgemein als vogtl Ma versteht, deckt sich nur mit dem Vogtland im ersteren Sinne und auch da nur im grossen und ganzen; doch rechnet der Vogtländer auch die (einst echt) obpf Südspitze zur vogtl Ma, was natürlich aus sprachlichen Gründen davon getrennt werden müsste, wenn man Vogtl als eine einheitliche Ma auffasst. Legen wir den historisch - geographischen Begriff Vogtland für die geographische Ausdehnung des Vogtlandes zu Grunde, so müssen wir von einem ostfrk Vogtland — dem eigentlichen Vogtland (SV [ausser SObpf], BV und zT RO), — einem thür-ostfrk/ostfrk-thür (zT RO, zT RU), einem thür (-osterländisch-obs) (N von RU [NO von SU]) und einem obpf Vogtland (SObpf, zT SOb und BSa) sprechen.

§ 41. 1373 kam das 'Regnitzland' mit der Hauptstadt (Regnitz -) Hof schon so gut wie für immer an Nürnberg. 1466 / 1481—1569 fällt der Beginn — die Vollendung des 'Anheimfalls' des heutigen sächsischen Vogtlandes an das Haus Wettin; in diesem Umfange bildete es bis 1835 mit der Hauptstadt Plauen den 'vogtländischen Kreis' in einiger Selbständigkeit: daher die Ausdrucksweise *dиne ən Ságsŋ* auch heute noch. Ihm ist aber eigentlich der Name Vogtland (*Fôxdlànd*) geblieben; das aussersächsische Gebiet hat ihn zT noch lebendig erhalten trotz der heutigen allzu scharfen Betonung von politischen Grenzen.

Anm. Auf Befragen wurde mir in Linda, Seeligenstädt (zwischen Berga und Krimmitschau) die Antwort, dass sie sich zu Thüringen rechneten; in Zwirtzschen (bei Berga) spricht man schon: *drùin* 'droben' *in Fôxdland*; in Lückenmühle (bei Ebersdorf-Ziegenrück) wusste man nicht, sollte man sich zu Thüringen oder zum Vogtland (auch hinsichtlich der Sprache) zählen, und es liegt für uns keinerlei Veranlassung vor von dieser Volksmeinung abzuweichen.

§ 42. Niemand giebt uns sichere geschichtliche Einzelnachrichten — genau wie auf ähnlichen Gebieten — über die ursprüngliche Besiedlung, Herkunft der Einwanderer. Später und sicher sind Einwanderungen deutsch-böhmischer Exulanten zB nach dem obersten Zwotatal, nach Klingenthal, einiger weniger bambergischer und schwäbischer (vgl F-N Greiner) nach dem Frankenwaldgebiet in RO; diese werden aber ebenso wenig Einfluss auf die bestehende Ma ausgeübt haben wie ausgewanderte vogtl Familien im Elsass. Wieder sind es zunächst die Ortsnamen — natürlich nur die bezeichnenden, solche auf -bach, -berg, -dorf beweisen so gut wie nichts — die durch ihre Form einen sicheren Rückschluss auf die Stammesangehörigkeit ihrer Gründer gestatten.

b. Thüringische Ortsnamen.

§ 43. Thüringer Einfluss ist schon nach der Unterwerfungs-, Germanisierungs- und Christianisierungs-Geschichte zu vermuten:

1. Das md 'roden' und alles, was davon abgeleitet, weist auf Thüringer, neben nordmainfrk, Heimat. Somit dürfen wir *Fôšərüę* (1140 *Foschenrod*) Foschenroda (bei Netzschkau), *Zùę*, auch *də Zùę* (1224 *Rode*) Rodau (bei Reuth), *Dsàhúę*, *-ūdę* (urk *Zulnrode* < *ze iuwelen rode) Zeulenroda, Oppenrod, Stockenrod, auch -roth in BSa am Fichtelgebirge, die die südlichsten Belege von den in der Hauptsache in Thüringen, Nordmainfranken und Hessen-Nassau vorkommenden

Ortsnamen sind, im N wohlals thür, im W als nordmainfrk Gründungen ansehen, zumal wenn vielleicht die Formen Rode (Thüringen), die Rod oder Roth (Nordmainfranken und Hessen-Nassau) mit ins Spiel gezogen werden dürfen. Roda im Altbg, Geroda (bei Triptis), Ruda (bei Leutenberg), *də ʔugṇn* (*in dër Höckerode*) Hockerode (bei Leutenberg /Marienroth (bei Teuschnitz) / Weitersrod (bei Hildburghausen) sind ihre nächsten Namensvettern nach Thüringen, nach Nordmainfranken zu. Die Flurnamen *s ʔǘǫ, s ʔǘǫholds* in T; ferner die Zusammensetzungen *ʔïǫdḷ = ʔēdḷ* (Elsterberg) Rödel, Rodlera (= *də ʔōdləṿǫ* b T), Rothenacker (1476 *Rodenacker*), Rödern (1509 *auf der Rödern* in RO), Rödig im Frankenwald mögen hierher zu beziehen sein. In der Hauptsache kann eine Linie Reichenbach-Lobenstein als allgemeine, südlichste Grenze angenommen werden, so dass also diese Namen für RU und RO charakteristisch sind.

2. Eine Etappe weiter zurück nach N schon liegen die echt thüring -born: Weissenborn (bei Zwickau), Schönborn = ma *Šimbṇn* (bei Triptis), Trockenborn (bei Neustadt a/Orla), Wellenborn = ma *Welmṇn* (bei Saalfeld), Gösselborn (bei Paulinzelle), Isenborn (bei Gehren) bilden ihre südliche Grenze, berühren somit kaum altes vogtl Gebiet.

3. Die thür -städt, -stedt reichen bis Seeligenstädt (b Werdau-Berga; ma *Sǟlsd* lautgerecht < *Sæleg[en]stete*), Uhlstädt (bei Rudolstadt-Orlamünde; = ma *Ūlsdę* < *ze dër Ulstete*)/Volkstedt, Lichstedt im SW und NW von Rudolstadt; die frk -städt reichen im W nicht bis ans vogtl Gebiet.

4. Wenigenauma (bei Auma = *ǟmę*) hat seine nächsten Namensvettern in Wenigenroda (bei Roda) und -jena.

5. Naundorf (bei Krimmitschau), Naundorf (bei Pössneck-Rudolstadt) sind die südlichsten Vertreter dieser reichen thüringisch(-hessisch-nassauisch-moselfränkischen) Sippe.

6. Die -walde haben nur Vertreter in Buchwald (bei Reichenbach), Kobitzschwalde (bei Plauen), Reinhardswalde, aber ma *Rā́dsàṇẓ* = Reinhardsanger (bei Reuth), und haben wie die wenigen -hausen — Mühlhausen (bei Elster), Markhausen (bei Klingenthal), deren nächste Namensvettern

(thüring) Thonhausen (bei Krimmitschau) oder die -hausen im Nordmainfrk sein können — wenig Belang.

Anm. Mühltroff beweist nichts: man spricht *Mildŏṇf*; *-drəf*††?

c. Ostfränkische und oberpfälzische Ortsnamen.

§ 44. Was dem Vogtlande sein onomatologisches Gepräge verleiht, das sind die -grün = 21 %, sämtlicher Ortsnamen des sächsischen Vogtlandes: von 81 -grün in Sachsen gehören 64 allein den drei vogtl Amtshauptmannschaften an, von denen wieder Auerbach die grünste ist mit 27, Ölsnitz hat 24, Plauen 13 (Schwarzenberg hat dann 8, Zwickau 8, Meissen 1); 4 % enden auf -reuth oder -reut, 3 % auf -las -les.

1. Rappodengrün (bei Teuschnitz), Christiansgrün (bei Sonneberg), Brennersgrün und Solmsgrün (im Frankenwald), Helmsgrün (bei Lobenstein), Liebengrün, Mönchgrün (bei Schleiz), Wallengrün (zwischen Pausa und Zeulenroda), Erbengrün (zwischen Zeulenroda und Greiz), Hermannsgrün (bei Greiz), Ruppertsgrün (bei Werdau), Friedrichsgrün (südl von Zwickau) usf ziehen die nördliche Grenze dieser im südöstlichen Ostfrk und im Obpf heimischen Ortsnamen.

2. Die genetivischen Ortsnamen mit dem patronymischen -*s* auf -las, -les (soweit < -*lins* und nicht < -*ls*) reichen nördl bis Dörflas (bei Lichtenberg), Dörflas (südl von Ziegenrück), Scholas, Wipplas (bei Elsterberg-Netzschkau) und sind identisch mit den im Obd und im südlichen Ostfrk einheimischen. Ortsnamen auf -la (zB in RU), reichen noch nördlicher; ob aber < -*lin*?

3. Die -reut(h)(= thür -rode) -gereuth, deren nächstes Verbreitungsgebiet das nördl Obpf und südöstliche Oberfrk, haben in Gereuth (bei Koburg), Arnsgereuth und Wittmannsgereuth (südwestl von Saalfeld), Grobengereuth = ma *Grùmgɪάɩdɛ* (bei Pössneck-Rahnis — vgl die gleichen Formen diesseit und jenseit des Thüringer- und Frankenwaldes!) — 'die Reuthe' (südwestl von Gera), Schafreute (bei Hohenleuben), Fraureuth (bei Werdau) wohl ihre nördlichsten Vertreter.

§ 45. Eine ganz auffällige Identität dieser Verbreitungsgrenzen mit den bedeutendsten Lauterscheinungsgrenzen beweist, dass die Sprachunterschiede in der Hauptsache bedingt sind durch Stammesverschiedenheit; für unsere Gegend besonders, dass in dem südlichsten Winkel der thüringischen Staaten wohl schon von Saalfeld ab das Saalgebiet aufwärts ein sicher grösster Bruchteil der Bevölkerung nicht thüringisch ist, sondern jenseit des Waldes seine Heimat hat und dies Gebiet darum auch in sprachlicher Hinsicht als ostfrk-thür, thür-ostfrk (nordmainfrk-thüringisch zu bezeichnen sein wird.

§ 46. Ebenso reichen die ostfrk -geschwenda über den 'Wald' herüber: Geschwenda (im NW von Ilmenau), Kleingeschwenda (im S von Saalfeld), Klein- und Reitzengeschwenda (bei Leutenberg - Ziegenrück); Schwand (bei Plauen) hat seine Entsprechung in der Oberpfalz. Ebenso die echt frk -geseess: Altengeseess, Rauschengeseess (bei Leutenberg). Ebenso die (mehr obd) Ottengrün (bei Helmbrechts), Ottenbühel (bei Blankenburg), Ottendorf, Ottmannsdorf (im N von Triptis). Die *Biẹl* im sächsischen, *Bil* im reussischen und bayrischen Vogtlande (beide aus md *Böhel) möglich für mhd *Bühel*), die *Hiwḷ* 'Hübel' und die Unmengen von *Laudn* (mhd *lite*) Halden, Bergabhänge, reichen zT noch weit über unser Gebiet hinaus und können darum nicht gut als streng obd, wofür man sie oft ausgiebt, gelten — wird dies doch noch im Unterharz im Nordthüringischen als *Līde* gefunden.

§ 47. Direkt auf die alten Stämme weisen: Frankendorf (bei Schleiz-Tanna); Franken, Frankenhof, Frankenthal (bei Ebersdf); Frankenthal (bei Gera); Frankenstrasse (RO) und wohl auch die nicht misszuverstehende vogtl Redensart *dū Fŕắŋgŋhắmḷ dū!* (SV) 'du Frankenhammel (du)!' — Bobenneukirchen (bei Ölsnitz) und Bobengrün (im Frankenwald), deren erster Teil wohl aus Baben- entstanden, weisen dann auf Bamberg, vielleicht nur in kirchlicher Hinsicht. — Bayergrün im Frankenwald weist wie der Name Bayer, Baier, Beyer, Beier auf Bayern hin, wie

Schwab, Schwabe und Sachs (Sachsgrün O-N, SOb), Sachse auf die Stämme der Schwaben, Sachsen und der häufige Frank, Saalfrank, Fran[c]ke auf die Franken — doch darauf ist bei der Beweglichkeit der Bevölkerung nicht allzuviel Gewicht zu legen.

§ 48. Was dem Vogtlande fehlt, das sind die thür -leben, die thür-frk -hain (bis auf Hinterhain bA: SM, Hainsberg, Hain: RU) die frk-thür -heim. Wolfshayn (b Pausa) ist vielleicht durch seine ma Aussprache *Wölfsàm* (freilich *dz̧ Wölfsàm*) — das also wie das obpf *Häidlham* auf *dsam* zusammen) reimt — zu diesen zu stellen. Einzelne Ortsnamen haben ihre Entsprechungen bald im oberen Maingebiet: Trieb: Trieb (bei Lichtenfels), Gefell: Gefell (bei Sonneberg), Eula (RU): Eila, Mödlareuth (1313, 1621: Mödleingereuth; BSe):·Mödla, Zeulenroda: Zeuln, Wittmannsgereuth (NW): Mannsgereuth; die auf ein patronymisches -s in BSe im Frankenwald, wie Almbrands, Lipperts, in Nordmainfranken, wie Metzels uä (bei Meiningen), Eckardts, Möckers — bald im Obpf: Eschenbach, Schwand, Rothenburg, Eschenlohe, Bärenloh, Troschenreuth, Bruck ua (nur im S).

§ 49. Im allgemeinen kann wieder eine Linie Südostspitze des Thüringerwaldes-Werdau wie oben bei den sprachlichen Erscheinungen als Hauptscheide gelten. Von da ab überwiegen im N die thüring im S die obd-ostfrk Gründungen und damit wohl auch Thüringer, Ostfranken, Oberpfälzer und Bayern und deren Sprache.

Anm. Eine Statistik von Namen der als sicher nachzuweisenden alteinheimischen Familien möchte auf ähnliche Verbreitungsgebiete schliessen lassen. Süddeutsche, wie Bäuerl, Penzel, Heinel, Steinel, Ott; böhmische wie Neupert, Neuber(t); schwäbische wie Greiner im Frankenwald, Enderlein, Schenderlein, Beierlein; stehen thüringischen, wie Enke, Vollstädt, Naumann, gegenüber.

Die besten Aufschlüsse würden die Flurnamen liefern, weil sie örtlich gebunden sind: T hat *z̃uŋ* n für die 'Rodung', ihm fehlt die *z̃aɩd* 'Reut', die nur selten, wie etwa in *di aldę z̃aɩd* Ort, wo nichts wächst als 'Staudenzeug', gebraucht wird; Jooketa hat eine *z̃aɩd* erst in unserm Jahrhundert. *Lóxhäne* f 'Hanneloh'(?), *Wèɪle* n 'Wehrlein', *Säz* (< *saher*) m 'Saar', *Węǵʝɩęɛ̧* n 'Wegfrässel'(?), *Lʊ* f 'Laa' = Sumpfwiese', Loh(?), *Dɪlɣ* f 'Tülke' (zu mhd *tüele*), *z̃ɩędḷ* n m 'Rödel', *Brɩel* m

'Böhl' (Pöhl), *Hǣbiel* m 'Höhen-, Hagen-, Hainpöhl', *Heldsl* n 'Hölzel', *Kíndswèixḷ* m 'Kindswürgel', *Hiwḻ* m 'Hübel', weisen im allgemeinen nach dem S; *Gùǫb* f für ein hochgelegenes Stück Landes und somit < *Gope für Kope* und so viel wie md Kuppe, dessen hd Entsprechung sich in dem O-N 'Gupf' in BSe findet, und *Fiedṛb̀* f (< *cüne-treip*), *Kidṛb̀* f (< *küe-treip*), die im Altbg wiederkehren (WEISE S 120, weisen mit *iŭe* nach dem N. Andere wie *Hūd* 'Hut', *Hē* 'Höhe', wohl auch *Śdéxidɛ* f (< *Ste inrütze*) Stelle, wo die Elster, wie bei der *Liwiə̄ŋ* (zu *Liwe* Liebau) *iei* (zu mhd *rosche* < frz *roche* oder zu mhd *rösch*), rasch über Felsen und Steingeröll neben einem jäh abfallenden Felsen fliesst, dann *Slānz* 'Schleiner' (< ?) *Foxṭhānd* 'Vogelheerd' ua gestatten keine solche Zuteilung. Das *Lēle* in Kloschwitz bei Plauen findet sich wieder in Bayern, vgl SCHMELLER, *Löhlein*, das zu *lō(ch)* Gehölz oder *lä* Sumpfwiese zu stellen ist. *Hixḷ* uä im NW und *Hugḷ* 'Hügel' ganz im O weisen nach Thüringen.

F. Oberdeutscher und mitteldeutscher Wortschatz.

§ 50. Reichen sich obd und md Namen die Hände, so auch obd und md Wortschatz.

§ 51. Verba: Bezeichnend ist gleich die obd und md-ndd Verbum verbindende Formel *dsidʒn un bēwʒn* zittern und beben. — *siχ widʒn, siχ wǣʒn / siχ waiχʒn* (das, wie *ai* = mhd *ei* bezeugt, entlehnt ist) sich weigern; *śdīōfm, rifḷn* rüffeln / *dōdḷn dādḷn* tadeln; *sláfuχ sai* schläfrig sein, *slafn, nadsn nadsn nedsn, nign* = *ə nigulə māxŋ / slumən* schlummern; *śaue* schauen, *sä* sehen; *gugŋ / gägŋ* gaffen; *əmbfinə* empfinden, *gvaufm, wisn / fīln* fühlen; *hēʒn* hören, *folʒχ* folgen, *buə̄ʒn* bohren / *gəhóuχŋ* gehorchen; *haiʒn* heiraten, nhd *hàwā̀d* Heirat / *fʒaiə* freien, *fʒai* m f, *fʒaid* f Heirat; *diŋə / midn* dh Dienstboten; *faŋe* fangen, *dʒwisn* erwischen, *dʒʒaifm / hasu* haschen, *hasʒ* m, auch F-N, *hásmàn* usf; *biēsln* 'bröseln', *bieglən / biaxŋ* bersten; *fēŋ* fegen (BSa: NO), *slódfēxər* Schlotfeger / *kǣʒn* kehren: *ésdŋkǣʒəi* Essenkehrer (SV, RV); *bədiiŋ* betrügen, *bəsümḷn / bəlǣmʒn, daisn* täuschen; *iaidʒn / sīm* sieben, sichten; *(ai-) duŋgŋ* eintunken / *didsŋ* und *də didś / dudsn* und *də dudś / dauʒχ* tauchen und *də daux*; *fʒslúgŋ* verschlucken / *fʒsliŋə* verschlingen; *biowīən* probieren, *fʒsǖŋ* versuchen, *siχ dʒkünuŋ* sich erkundigen, *dʒkunə* erkunden / *brīfm* prüfen; vgl südl *sōŋ* sagen, *ıēdn* / nördl und westl *śbiaxŋ* sprechen.

§ 52. Substantiva: gās mhd geiʒ bei Rehau usf in BSa, im S von BSe)/dsīχ dseiχ (frk zige) Ziege; hadḷ (< hattel) hadḷ (< hüttel) hedḷ (< hettel) / heb (< heppe) sind Rufnamen für die Ziege; kal (< kalbe) kalm (< kalben) / šdæɪgŋ (md stërke[n], Pössneck); bumɪ obpf 'Pummel' / buln bulę ndd bulle); šbāds (< spa̤ḷt]z)/šbirg (< spirlinc) šbeɪg šbæɪg frk 'Sperk' = Sperling; hagịš 'Hacksch'/hauəɪ/sáubæ̀ɪ (md bēr) Zuchteber; förɐ / füɐɪal fṵ́ɪɐ̀l Forelle; bæɪš (ahd bersich, bair 'Berschi') / bæɪš Barsch; šwōm Schaben / mad, gewöhnl Pl madṷ (mhd matte); ɪib Rippe / ɪib md 'Riebe'; fǣɪš fǣɪš obd Ferse / haɡ md-ndd 'Hacke', gewöhnl Pl haɡŋ; busɪl busḷ österreichisch 'Busserl'/ šmōds šmads (< smaz zu smatzen); dɪrndḷ dịɐɪndḷ derŋḷ (< dɪrnel) / mạ̀idḷ mǣdḷ mǣdḷ (< meidel); ǣnịχḷ ānịχḷ (< *ünichel, ahd eninchilī) / dịχdṵlę (< diehterlin im Ostfrk) / modern æŋɡḷ æŋɡəlę Enkel; ạ̀dnɪ̀ Eidam / šuɪ́χɪsu; (sạ̀uɪɐ̯) flǣɡ / kudḷn (gut hd kuteln), kúdḷflǣɡ, (-hṵ̀ɐf) / kaldǽṵnɐ kaɪdáṵnę goláṵnę ndd Kaldaunen; gɪobf bair 'Kropf' = verwachsene Person, dazu dsámɡɪɪbfɪn bair 'krüpfen' / ɡɪɪwoḷ ɡɪɪbḷ md 'Krüpel': dsámɡɪɪwoḷn-, ɡɪɪbḷn; flaɡ (< vlëcke) Fleck/ɡɪáudsblēdsṷ (< blez) Krautblätter / hādɪ / labṃ / wiśdɪx Wischtuch; ɡạ̀ɪdsɡɪòŋ / ɡạ́ɪdshàls Geizhals; ạ̀ɪfhìɐɪcɪlę = kúdəɪɪχs dsáɪχ (nach kudɪ Rinde: bei Pechgewinnung) / kǣɪɪχ Kehricht; fǣdsɐn fǣdsɐn Fetzen: də súndịχsfạdsɐn die Sonntagsfetzen, də ạ̀lədōxsfạdsɐn (< vëtze) Alltagskleider / ɡəwánd Gewand / howíd (frz habit) / ạ̀dsùx Anzug / dlǟd Kleid; šnùəɪ / sīmę (hess, ndd sime; P in RU) Schnur; ōŋ 'Agen', ēŋ (in BSa) / šbɪal Spreu/ šbɪauśḷ / šblidɪ Splitter; šɪol Scholle / lándhàdsṷ Erdklumpen / dlumbɪṇ, dlúmbàdš m / dlǚəs Kloss; ɡŋēdḷ Knödel / dlǚəs Kloss; läm Lehm / dā † Thon; ɡəśèɪ Geschirr / ɡəfḗs Gefäss; hōfɪṇ 'Hafen' / ùəfṃdòbf Ofentopf; maldɪ f (< *mülter) 'Malter', ein Holzgefäss / madsṷ m (obd mæzze m) das dem Müller als Mahllohn zu gebende Mass Getreide / šafḷ kleines 'Schaff'; raχŋ Rechen / kɪɪśd (P in RU) 'Karst'; úəɪ: dạ́šnùəɪ Taschenuhr, úəɪwàɪɡ Uhrwerk / sǣχɪ uä 'Seiger' (Raun in SObpf; b Rb, W in SU; Hoh in RU); blads Platz / ɪam ɪaum Raum; flax / ɪəm eben, ɪəm f ɪəmed f Ebene, ɪəmɐd (< ēbinōt) Ebmath / blad: bládfǖs (md blatefuoʒ), bladṷ plätten; šdafḷ steinerne Freitreppe / śdūf Stufe oder Pl śdūfṃ; śdīχ Stiege / dɩɛb Treppe; dulg duld dilg (zu obpf tuolke *tuolte *tüelke) / dǣḷə; 'Telle', kl Tal; gɩáud)śdɩɩŋg Krautstrunk / doɩś dùɛɩś dūɩ̄śə (< torse; im W) Kohlstrunk, -rübe (SObpf; dnɩśbḷ (< knüspel) Bund von Knospen uä / dnob (hennebg 'Knoppe'), Pl dnobṃ dnobɣn; hắbùd Hagebutte / hɩ̄fẹ (P in RU) Frucht der Rose: hífṃdòɩn (< hiefen-dorn); gɩɑ̄̇ bair-östr 'Kren' / mǽɩ̀ɑ̀dɩχ Meerrettig; wàidsṇ/wǣds/wēs (< weize; RO) Weizen; koɩn Korn / (gədɩɑ̄́ Getreide / dɩɑ̀i dɩɑ̄) / ɩoχṇ• Roggen; ɩɩgəs (< rückinz): ɩɩgələ / ɩegələ Rögglein; fɑɩχəlɑ̨ / fɑɩ-, fǣ-, fɑlə / fɑɩχlɩ́χ (P iu RU) Veilchen; nēχəlɑ̨†/nɑlg Nelke; bɩχəlẹ̣/ǣgɣn 'Bucheckern'; wàlśə nús / wàlnùs Wallnuss; śdubfḷn śdɩubfḷn / śdofḷn / śdubḷn śdobḷn Stoppeln; bǣmśdùmbf, -śdɩumbf Baumstumpf/śdumbfḷ / śdeg Stöcke; ślɩχdàɩl (SObpf) kleine Egge / ɑɩd / ādṇ (BV) / ɑɩχ (SOb)/ïəχ eχ• Egge; śdódḷ/śɑɩ/śɩn Scheune; bɩunɑ̨/bɩun / boɩn Brunnen; bɩl bïəl/hɩwḷ/hɩχḷ/hugḷ Hügel; grōm/gɩɑfdḷ (zu md grɑft; P in RU) Graben; sud f, sùdḷḷàx f (sūdḷ m)/sú͜ɑ̨ɩlòx sɔ̄rlòx / ōdḷlox, -sud(ōdḷ m Jauche) / bfɩds f. — Für 'Träne' fehlt dem Vogtl ein Wort, ob dsëɩlɑ̨ = obd 'Zährlein' recht volkstümlich? Umschreibungen, wie bə dǣ̇ɩẹ kimd dlɑɩχ s wàsṇ 'bei der kommt gleich das Wasser', s wàsṇ lāfd ɩ̣ də bágṇ ɩɑɩ oder rundɩ̨, wohl auch də dɩobfṃ uä, müssen dem Mangel abhelfen. — gəsáds (zB in àləs mus sɑɩ gəsáds ham) das richtige Mass / gəseds Gesetz; sōx Art Böttchersäge / sēχ sǣx Säge; gɩáŋgəd Krankheit / suɩd Sucht / sɑɩχ Seuche; dsǣ́bɑ̀ɩ 'Zahnpein' / dsǣ́wïədɩ̨ŋ (wie im Ndd, zu mhd wētɑc) / (dsā-)śmɑɩds / gwōl Qual; áuswà̇ɩds m / fɩ̣́gɑ̀ɩ Frühjahr.

§ 53. Adjektiva: Wieder ist eine bezeichnende, ein obd mit einem md Adjektivum verbindende Redensart vorhanden: áŋsdəbàŋ angst und bange. — ɑŋsd, ǣŋ́gsdlɩχ/bɑŋ (fig vom Wetter); gəlɛ̄́ɩd / gəlǣ́ɩd† (mit falschem Rückumlaut; T usf., làudkùnɩ̣χ oder -kɩnɩ̣χ / bəkánd ruchbar; gə-śbɩágld, śǣgəd, gədɩhfḷd, gəɩɩŋḷd / gədɩbḷd, bund (auch fig), bùndśàgəd, śǣgɩχ scheckig; ǣfèlɩχ einfältig, nɑɩɩ̈s/olɩɑ̨ albern; fɩ̣śdǣnɩχ, wids, gəwɩgsɩχ / dlūx klug.

§ 54. Adverbia: hɑld/fɑɩ (< fine); fɩɩ̇ɛ́ (< von ē) / sinsd (un idsə)/sandẹ, sándəmòl (< *sëntemāl; SU/RU) einst;

dsə frí, dsə näxd uä/frí (bədsáɩdn̥ beizeiten), amsd abends ua; hqɩ̯d hqɩ̯́n̥d/hindę̊ 'heunt' (jetzt = heute, einst = in dieser Nacht).

§ 55. Besonders durch ihre verschiedene Form verraten Herkunft aus dem S oder dem N: hāuɩ̯ 'Haber'/hǟfɩ̯ Hafer; hùəwl̥ (< hobel) hūwl̥ (< *hubel)/hūfl̥ (ho-, huvel, im W: RO), āuɩ̯ (noch b Gera), ēwɩ̯ bayr 'äber'/ ēfɩ̯ frk 'äfer' = tauig, ladsiχ, áu̯fgəládśd weich; greɩbələ in śbeɩ-greɩbələ (obpf grēbe)/grīm (Pl zu mhd griebe)/grīf 'Griefe'; kēfɩ̯ kǣfɩ̯ käfɩ̯ (< kēver)/käuɩ̯ (< *kēber; P in RU); dswīfl̥ (bayr-östr)/dswīwl̥ (RU) Zwiebel; blox, Pl bleχɩ̯ (= obpf-bair; Issigau in Frk-W)/blog Block; obd slund- m/md sluŋg zu sliŋə (*slingen für slinden), dsɛnsd/dsæŋsd (ze ende + adv -s) bis zu Ende; kaɩl m/kēχl̥ m, kūxl̥ f: kūrl̥n/kaɩl f Hode, Kugel-, káulǟɩś Huhn mit abgestumpftem Schwanz, kauln, kolɩn kugeln, ko- oder golɩ̯le Kartoffelfrüchte; bɛndśl̥/bindśl̥, wohl auch śdæfd/śdɩ̯fd; haɩbl̥, -wl̥/hād (< houbet)/hēd: ɩ̯uɩ̯ hḙd (< über heupt) in Bausch und Bogen, Húndəhēdn̥ Hundhaupten (O-N in RU); lauŋə (< lougenen)/läŋe/legŋ (< leuken; P in RU, Titschendf in RO) leugnen; slābf f: bflúg(dślābf zu slābfm̥/ slāf uä f zu slāfm̥, slebm̥; dnɩbfl̥ (< knüpfel)/brīχələ brīχl̥ dicker Stock/dnɩbl̥ (< knüppel)/dlebl̥ (< klöppel); gug (< gucke)/dūd (ndd tūte), did Tüte/daɩdę̊ (P in RU); kebf f Kippe, Anhöhe: kebfm̥, kabfm̥ ins Schwanken geraten, weil auf der Spitze stehend/keb f, vgl kob f 'Koppe': nódl̥kób, kobm̥ die Spitze abbrechen, dazu 'Gupf' (O-N in BSe)/gùəb f (< *gope) Fl-N, gɩb f O-N Gippe; bǟsɩχ (nürnbergisch 'beissig')/baɩsɩχ/bɩsɩχ; dnaɩl (< kniuwel)/dnaul (md-thür knūwel Knäuel); suldsu (noch RO)/súlds:n̥flǟś/sildsə ua = gəśdánɛs (vgl 1617: zum ge-standen) Sülze; ǣɩ äɩ (< ēr)/hǣ (< hē[r]) er; unɩ̯ unɩ̯/unsę̊ unser; sę̊ǭnę̊ (< *sænen < sɩlenen [vgl KLUGE] SObpf, ver-söhnen/sīnə†, fɩ̯sēnə (< nhd), auch fɩ̯sēnę̊ oder -sǣnę̊ (O).

§ 56. Nur das obd Wort, die obd Form ist ver-treten: láudkùnɩχ oder -kinɩχ ruchbar; wɛaɩd fern; nùəd làɩdn darben; waɩsu tünchen; waɩdn, fɩ̯dśtə harren; midənánɩ̯ midənánd/álədsam sämtlich; bū: láusbù, śbidsbù/guŋ: kigùŋ Knabe; ɩógśdɩ̯ùę (< rockstrō), auch F-N, ɩɩgəs (< rückīnz)

Roggen-, vgl auch *geɨsdəs* (< *girstinz*) Gersten(mehl ; *šubf* f der Schuppen; *weɨg weuɨx* Werg, Hede; *kunəlɐ* Pl Quendel; *hɨnlə* Hühnlein, Küchlein; *bɨāmɐ* (RO) *brēmɐ*, *bɨāmɛ* (T) Bremsen; *gəsíχd* Antlitz; *mānəd* (< *mānōtj* nhd *mōnad* = Monat; *dɨ dæn* die Tenne; *láŋgàšb ašbɐ ašbɨ* (BSa im S; *aspe* Esche); (*kɨ*)*hàɨšɨ* Hausbesitzer; *blædsɐ* (*bletz*, obd 'Pletz'; BV) *gɨáɨdblǽdsɐ* / -*blḛdɨ* Kohlblätter; *ɨūb* obd 'Rube' md Rübe.

§ 57. Umgekehrt kennt das Vogtl nur das md (oder ndd) Wort: *bflogŋ* pflücken; *foɨšd* m (< *voɨst* f) First (oder hierher *Gùdɲfèɨšd* oder -*fǽɨšd* Gutenfürst [O-N in SM]?); *hord* (md *horde*, aber auch aus mhd *hurt* möglich) Hürde, Gatter uä: *sánd-*, *mísdhòɨd*; *fad* fett feist, *mæd mǽd* 'mett' (Fleischerausdruck); *odɨ* Natter; *bflasdɨ*, *gaŋg*, *hǎusblàds* Estrich; *lib* Lippe, Lefze; vgl ferner ndd *æχd*, *saxdə*, *šluxd*(ɨ) f Schlucht, die jetzt echt volkstümlich sind.

§ 58. Von W nach O zeigt sich auch hier die Abstufung von westmd zum ostmd Typus: *šedsɐ* m Schöps, *šedsəs* (< *šchöpetzinz*) / echt hd *šébfɲflǎš*† (T, oder -*flǣš* (RO) Schöpsenfleisch / nhd *šebs*•/*šōf*; Sg *bflaɨmɐ* Pflaume oder *bflau* / *dšwedš* / *gwedšχɛ* (in Frk-W) *gɨwɐdšχɛ* (P in RU) Zwetzsche; *hèɨlɐ*, *fɨùlɐ* (in SM entlehntes obs *fɨḛln* altes adliges Fräulein) / *dɨ ald fáᵈɨ*, *d ald múdɨ* / *gɨúəsfàdr*, *gɨúəsmùdɨ* Grossvater, Grossmutter; *sáldsmǽdsɐ* f (in BSa) / *sáldsmesd* Salzgefäss; *dšwaɨχ*, 'Zwergloch' (NW von BSe)/*gwàrχlòx* (S von BSe = mainfrk), Pl *gɨwɐ́ɨχlšlèχɨ* (RO), vielleicht in *dù gɨɨɐ́ɨχl* (Knirps) *dū* (das der Form und Bedeutung nach sowohl zu mhd *quërch* als zu dem ebenfalls ostmd *quarc quarg* gestellt werden kann); ferner: *sélwènd* f / obs *sálàɨšd* Sahlleiste, 'Binde' (beim Bier); *bflumbf* f (fast allgem)/*blumbf*/ *flum*(*b*)*f*(*ə*), *bumb* f (BV ɨT) *b*(*l*)*umb*(*m*) Pumpe, pumpen (SObpf)/ *blumb* f (N); *šǽŋgbàŋg*• (frk 'Schank') / *šɨaŋg* Schrank.

§ 59. Interessante Aufschlüsse müsste auch eine Untersuchung des Wortschatzes des gesamten Gebietes hinsichtlich seiner Stellung zu der von KLUGE aufgestellten Ansicht eines einheitlichen obd gegenüber einem einheitlichen frk-md (-ndd) Wortschatz »von der Pfalz bis nach Schlesien, von dem Main bis Nord- und Ostsee« ergeben.

Wieder würde sich das Vogtl bald zu diesem, bald zu jenem stellen und so Übergang sein von dem einen zum andern.

t. *äu̯z̦* (noch b Gera, Limbach b Rb in SÜ), *du̯z̦*'in T), also in der Osthälfte des Vogtlandes, setzt sich fort im obpf Westböhmen, in dem Nordgau zum bair 'äber' /*ēfz̦* (- in T, in Rdf b Pl) *ēfr* (b H-Münchbg) entspricht frk 'äfer' = tauig, kommt also der westlichen Hälfte des Vogtlandes zu. *wīmz̦* (mhd *wimer*) knorriger Stamm, Stock, schwer spaltbarer Stein, *wīmz̦u̯d* (< *wimerëht*) *wīmərix̦* knorrig, *dsämwimu̯n* schlecht zusammenwachsen (von Wunden), knotig verwachsen; *ə álds gəwimz̦* von einem solchen Gegenstand ua: setzen sich fort in *wīnz̦* derber Knotenstock, *áu̯fwimu̯n* derb schlageu (zB in Kloschw b Pl), in *wīmz̦* (in Sch, HEDRICH 20) knorriger Auswuchs am Baumstamm (vgl SCHMELLER); *śdiu̯ŋg* ist ost- / *dɔ̄u̯śn* uä Kohlstrunk, -rübe südwest- / *grau̯dśdǣŋḷ* südvogtländisch. T zB hat von *hǟd* (< *houbet*) eine Reihe von Zusammensetzungen, wie *gráu̯dhǟdḷ*, -*hǟd*; *hǟdləgráu̯d* Weisskraut, *hǟdfɔ̀rx̦*(*d*) Hauptfurche, dh letzte an der *ánəwánd* (< *ane-want*), dem Randbeet, quer zu den andern gezogene Furche, *fz̦hǟdn̦* eben diese Furche mit dem Pfluge ziehen, *ráx̦ŋhǟd* Querstock am Rechenstiel, worin die *ráx̦ŋdsǣ* Rechenzähne stecken, *Wáu̯shǟdḷ* F-N; vgl ferner *gráu̯dhäu̯dḷ*, -*häu̯oḷ*, -*häu̯bḷ* (im S), die sich fast alle nach SCHMELLER in Bayern wiederfinden, besonders die, welche sich direkt auf die Bebauung des Feldes beziehen. *śnau̯bfḷ* m (in T und sonst), *śnąu̯bfḷ* (in Sch), dazu *śnǣrbfḷ* (in BSa, vgl besonders 'Schnauppen' bei Nürnberg) Schneppe, 'Rohrende einer Giesskanne u dgl', 'Schnauze eines Gefässes', schnabelförmiger Teil einer Kanne, zusammengedrehtes Sackende ua, scheint ebenfalls nur auf das Obd hinzuweisen; das vielleicht damit verwandte *śnibz̦* m (Kinderwort für penis) vergleicht sich augsbg 'Schnepperle' [SCHMELLER II 577].

2. a) Oft hat Übereinstimmung statt — besonders auch in der Form — zwischen dem frk (zB hennebg) Wortschatze jenseit und diesseit des 'Waldes' (Frk-W): *hæmbflix̦*/SPIESS Id 92: hämpfelig; *gúlix̦d*/81: Golicht; *mogḷ mogəlǫ*/165: Mockel Mockelein; *kau̯d*/122: Kaude Kaute; *goláu̯nə*/68: Galaune;

— 70 —

hidš f / 110: Hötsche (Fussbänkchen,; *hoṷš* / 110: horschelig (uneben, holperig); *heb* / 100: Heppel (Ziege); *dnob* / 133: Knoppe (Knospe); *gṷiglix̣* / 140: krickelig (krittlich, eigensinnig usf); *nūdšŋ* / 175: nutschen; *hagələ hagṷlə hagṷlə* / 88: Hackele (Zähnchen der Kinder) und vieles andere mehr.

b) Ja in nicht wenig Fällen finden die gerade dem W des Vogtlandes spezifischen Ausdrücke jenseit des 'Waldes' — so wieder für seine geringe Bedeutung als Grenze für unsere Gegenden beweisend — ihre Entsprechungen: zB für die pössneckischen *fuməlẹ* (in *nūi su ə bišļ drēυi wág fŭməlẹ*) streichen, *glindsẹ* (mhd *glinzen*) glänzen, *gədsā̊* 'Gezeug', *gəšnėṷlẹ* Art Eingeweide, *gŋænərẹ* 'knautschen', 'ningeln'; *lasdụlix̣* viel, sehr; *gŋuṷds* 'Knorz', 'Wiemer'; *gŋex̣ẹ* 'knöchen', plagen; *six̣ bəgėgəlẹ* in *mi mex̣d sx̣ bəgėgəlẹ* (kugeln; hennebg *kökern* kauern) usf; für die *gädlix̣* 'gätlich', *helbụlạ* in der Bedeutung Preisselbeeren, *heix̣ln* röcheln, *hådlàbm̥* Kopftuch, *hėi̯la*, *fiāla* Grossvater, -mutter, *šbæŋ* selten, usf in RV; für *bolṇn* polternd sprechen, *kifm̥* nagen, *lūŋrn* lodern (vom Feuer), *o̊wėndr* m ('Abwandung' im Hennebg); *fụbá̊nd* 'verbaint', versteckt, hinterlistig usf in BV; *ámbfiā̊, -fràu* Hebamme, *gṷišəla* kleine Kügelchen der werdenden Butter ua in SObpf, SOb, in der erzgebg Klingenthaler Gegend; *daṷsdļ* (RU: Gr, P usf, gegen ostthür *disdļ!*) = hennebg *daṷsdļ* Deichsel; *dsalix̣ŋ* (T usf) hessisch 'Zalgen' (mhd *zelge*) Zweig, junger Trieb.

Anm. Nur aus der starken Ineinanderschiebung der verschiedenen Besiedlungsstämme wird es erklärlich, dass sT in ferneren Gegenden jenen angehörige Formen oder Wörter anzutreffen sind, in näher gelegenen solche, die ihnen nicht eigentümlich. *bumb;m̥) blumb blumbf bflumbf* Pumpe ist die Reihe der Formen, die von Helmbrechts in BSe, Elster-M in SObpf, über Schöneck in SO, Oberkrinitz an der Grenze von SU bis nach T anzutreffen sind, also von S nach N anstatt in der erwarteten umgekehrten Richtung. Eine von O oder besser NO nach Asch-Rossbach zu sich bewegende teilweise Einwanderung in die östl und südöstl Gebiete würde diesen als typisch anzusehenden Fall und noch manch andere stark ostmd Gepräge tragende Erscheinungen erklären: vgl *daz uš* doch, *ūmd* ua Abend im O; *tons* Sonne in SObpf, *hond* Hund *hend* (Hünde) Hunde in Brunndöbra, in der Klingenthaler Gegend usw). *Blox* 'Bloch' für Block, Pl *bleχį* 'Blöcher', *dšwandɨg* 20 — sämtlich echt obpf — treten auf einmal auf in Frk-W; *blṷəg-bləg* und blūg / blog - bleg spricht man im dazwischen liegenden Gebiet. Das Wort 'Dorsche' / 'Dorsohen' mag als typisch gelten für viele Übereinstimmungen im Wortschatze von Hennebg, RO, BSe, BSa, Sobpf, Westböhmen gegen das dazwischen liegende Gebiet des sächs Vogtlandes, das hier nur das bayr ídiuŋg, guåudídiùŋg kennt. — Genaueste Statistik der geographischen Verbreitung des bezeichnenden Wortschatzes möchte wohl zu Resultaten von prinzipieller Bedeutung gelangen.

G. Volkskunde.

§ 60. Ein letztes hier zu behandelndes Gebiet, die Mythologie, kann nur andeutungsweise berücksichtigt werden. 'Holla', einheimisch in Thüringen, Nordfranken ('Hollefrau' SPIESS 108), Hessen, kommt bis ins Vogtland vor: 'Frau Holle', auch 'Werre' kennt SCHMIDT 152; HERTEL 157 verzeichnet 'Hullegans, kindliche Bezeichnung der Gans. Holla?'; $Húhòbļ$ oder -$bòwļ$ m, $dẕ\ Húhù$ (Schreckgestalt für kleine Kinder, Popanz) wird — wenn wir nicht in $hū$ ein rein onomatopoetisches Wort annehmen — wohl auch hierher zu ziehen sein (vgl 'Hollerpeter' SPIESS 108) und wäre somit aus 'Hullepopel' durch Dissimilation leicht zu erklären. Die obd 'Bertha' finden wir wieder in BSa als $Barəd$ m, $Barləs$ m (neben $Rubrix$), in BSe als $Bǣrəd$ f Kinderschrecken; dann auffälligerweise im ganzen NW, von Ziegenrück-Schleiz bis nach Köstritz als die drohende, wiederum aber auch milde 'Perchtha' (nach GRIMM Myth I 227 ff,. Ob die Verbindung in RO fehlt?

§ 61. Die reiche Volkspoesie, nach ihrer Beziehung zu den verschiedenen Stämmen untersucht, wird allem Anscheine nach dieselben verschiedenen Elemente aufweisen. Wer nicht an Slavomanie leidet, die im Vogtland alles mögliche, auch die frische Sangeslust den winzigen Resten der wenigen einst hier wohnhaft gebliebenen Slaven aufdrängt, wird auf vergleichendem Wege das Gute so nahe liegend und die reichsten Beziehungen nach Form und Inhalt des Volksgesanges zu — allgemein gesagt — süddeutscher (bairfrk) Poesie schon durch einen Blick in DUNGER R finden. — Reiche Übereinstimmung mit in der Regensburger Gegend gesungenen 'Schnaderhüpfeln' ist mir direkt bekannt. Über diesbezügliche Fragen rein ethnographischer Natur, über Sitten und Gebräuche, Bauart der Dörfer und der leider nur noch seltenen alten Gebäude, der einstöckigen Blockhäuser, und anderes wissenschaftliche Urteile abzugeben überlasse ich Fachmännern.

H. Schluss.

§ 62. Das Vogtländische — die Mundart auf dem Gebiete des alten historischen Vogtlandes, also das Vogtl im weiteren Sinne — ist eine ostfränkische Mundart, die vom S her sich am weitesten in der Mitte nach N fortsetzende obd-obpf, vom N her sich an der östlichen und westlichen Seite am weitesten vordrängende obs-thüringische Elemente aufweist.

Anm. Das im Hauptstocke allgemeine *bflumbf* Pumpe vereinigt in sich alle jene Elemente: obd-ostfrk Konsonantismus, ostmd *l*; also Obd-Md, Westmd-Ostmd. Mit diesem einen Worte mag der Lauttypus des Vogtl charakterisiert sein.

V. Umgangssprache.

§ 63. Jetzt ist die Ma mehr in den Städten, besonders in den nördlichen sächsischen und reussischen Industriestädten, und deren nächster Umgebung, minder auf dem platten Lande, zersetzenden Einflüssen von aussen durch hochdeutsche Umgangssprache in ihrem md Typus ausgesetzt, weniger, aber auch nur von dieser Seite und natürlich am meisten in den sächsischen Städten wieder durch obersächsische Ma und Umgangssprache.

Anm. Die Redensart *des is mŗ śnúbe!* 'das ist mir schnuppe' — mit obs Konsonantismus und auslautendem *ę* — sei ein typisches Beispiel dieses Vordringens.

§ 64. Dies, und das schon Jahrhunderte lange politische und zT auch kommerzielle Getrenntsein dieses fast süddeutschen Stück Landes auf topographisch norddeutscher Erde von seinem eigentlichen Mutterlande Oberfranken-Oberpfalz, mag der Grund sein neben dem allgemeinen Übergewicht, das Norddeutschland über Süddeutschland gewonnen, warum diese süddeutsche Ma im Rückzuge begriffen und wohl einst bis zu ihrer natürlichen Grenze zurückgedrängt sein wird, wenn ihr nicht bessere Tage beschieden werden als im letzten Vierteljahrhundert, und warum gerade der wirklich altfrk und obd Wortschatz in der Tat so altfrk geworden ist, wie *hɛɪlą* und *fɪālą* Grossvater und -mutter, *dıχdŭlą* (< *diehterlīn*) *ānıχļ ǣnıχļ* (< *ünichel*) Enkel, *kinļ* Pupille, *gāl* f 'Geil'; *āɪcɪ̭ ēucɪ̭* 'äber'/*ēfɪ̭* 'äfer', *laınɪn laınıχ* oder *laınıŋ* Adj geschlechtslos — dazu *laınɪ̭ laımɪ̭** bair 'Leimer', geschlechtsloser Fisch, *láɪbǟm* 'Leinbaum', Ahorn; *baɪln* bellen. Einst, zu Urgrossvaters Zeiten, kannte T noch — um nur ein typisches Beispiel anzuführen — *bǣndsļ* (< *bensel*) Pinsel, jetzt: wer kennt es noch? Menschenalter sind schon drüber hin gegangen, da hörten es die Enkel noch aus dem Munde ihrer Grosseltern, und heute da können kaum einige ihren Kindern nur erzählen, dass es einst hier unten hat einem Stärkeren weichen müssen, jetzt aber droben in den obervogtl Walddörfern bloss noch ein kümmerliches Dasein fristet. Die Geschichte unserer Ma, die im Kampfe mit zwei stärkeren Gegnern zu unterliegen droht, entbehrt nicht eines inneren tragischen Beigeschmackes.

Anm. Während, namentlich im Nordvogtland das obs Idiom von Nordosten her mächtig eindringt und von oben die nhd Sprache in md Aussprache fortwährend an Boden gewinnt, dringt im einst echten SObpf auch noch die sich mehr und mehr in die Berge zurückziehende vogtl Ma ein: dort ist die treibende Kraft das Übergewicht Obersachsens über das Vogtland, hier das des Nord- und Mittelvogtlands, besonders der Industriezentren Plauen-Ölsnitz, über das Südvogtland (Adorf-Markneukirchen). Bad Elster ist natürlich schon stärker 'versächselt' als seine Umgebung: sein mittlerer Bürger spricht bereits halb obs Umgangssprache, so zB *nıχ* nicht, *nē* (*neı*) nein, *kē* (*keı*) kein, *ōx* (*oux*) auch, *sin* sind.

Eine systematisch zusammengestellte Mundartprobe aus dem kleinen, ½ Stunde nach SO davon entfernten Dorfe Reuth (Bogenmacher und 'Kuhbauern') mag ein Bild vom Vor- und Eindringen der vogtl Ma, der obs Ma oder Umgangssprache und der nhd Sprache in SObpf und dem Zurückdrängen der einheimischen obpf Ma über die schwarzgelben Grenzpfähle nach Böhmen geben:

— 74 —

mhd	Reuth † in SObpf: ‡‡ obpf	† obpf	** vogtl	** nhd (md)
1. Mhd *ei* (S 19):				
ei Ei >	ā͡o̬		ā	*ai*
eier Eier >	ău̯er		ĭer	*ai̯er*
ëimer Eimer >	ặi̯mer		ặmer	
2a) Mhd *ǣ* (S 14):				
kǣse Käse >	kǟs			kǟs
b) Nhd fremdes *a*: *pomaṷ(*-lig)sschte>*	bəmāl̥	bəmāl̥	bumā́le	
3a) Mhd *ā* (S 20):				
āder Ader >	ɔ̄udɐ̩n Sg (zB sɛ̯ɐəɐ̯-)			(hypernhd[md]) *adᵒ̯*
āle(n) Able >	ɔ̄udn Sg			ā̯ln
hār Haar >	hāvɐ̯r (so noch in Raun)			hǟɐ̯r
āter Natter, Otter >	ɔudᵢ̯ (zB grauda-)			(hypernhd[md]) *fadᵒ̯*
b) Mhd *a* (S 28):				
vater Vater >	fōu̯der	fōdᵢ̯		nāu̯cᵢ̯
nabel Nabel >	nǫu̯el	nōu̯el		gɔu̯el
gabel Gabel >	gōu̯el	gōu̯el		hāu̯əʒn
haber(n) Hafer >	hou̯əʒn Sg	hou̯əʒn		
4a) Mhd *ē* (S 20):		gēs		
gēn gehen >		Bēm	Bēm	
b) Mhd *ǣ* (ebd):	*Bǣheim* Bohmen >		iberg	
5. Mhd *e+r*: *frk *sperc* Sperling >	sbɐ̥rg	sbɐrg		dain
6a) Mhd Vokal + Nasal (S 13):				
zin Zinn >	dąi̯	dąi		
b) Mhd *u+n* = md *o+n*:				
sonne Sonne >	son	sun	sun	
komen kommen >	konne	kons	kums	
c) Mhd *o+m*:				
7. Dim - Suffix im Pl (S 16):	*wirsdlin* Würstchen >			
8. Vokal + Guttural:	*vertic* (-ig) fertig >	wirsdln fįrdik̟	wirsdlə fsrdiχ	wirsdlə færdiχ
sun(nen)-tac (-tag) Sonntag >		sondᵢ	sondᵢ(χ)	sundᵢχ
**Schōn(en)bach* Schönbach >		šəmbᵢ	šsmbᵢ(χ)	Ššmbᵢχ
doneretac (-tag) Donerstag >		dōu̯ərsdᵢ	diuɐsrdᵢ(χ)	dōu̯ᵒ̯ hdiz

	mhd	Reuth † in SObpf: †† obpf	† obpf	* vogtl	** nhd (md)
9. Formen, zB	*mâne mône Mond > hân Pl haben > pfâ Pfau > lû lau >	mǫ̃u hån bfã̃u lã̃u		(mhd mănde[n] >) mǫndn („ haben >) hǫm („ pfāwe >) · bfāu.	bfau
10. Wörter, zB	*vörhe obd Föhre > matze obd 'Mutz' = Mütze > ênc, ênker obd 'enk', 'enker' > ůf-hin 'aufhin' > abe-hin 'abhin' > *unt(er)-hin 'unt(er) hin' > üz-hin 'aushin' > üb(er)-hin 'üb(er) hin' > in-hin 'einhin' > ůf-her 'aufher' > usw.	fẽra muda eng, engar å̊fi oi oį oį̃ ųsdi ås̨ įwi ęini åfa	fẽra	(„ kiver >) kifˢ oba (-achles) Kiefer, („ kappe[n] >) kabm Kappe (ir[e], iuwer >) ier, auer („ hin-ůf >) nauf hinauf („ hin-abe >) nō hinab („ hin-unter >) nundr hinunter („ hin-ůz >) naus hinaus („ hin-über >) niewer hinüber („ hin-în >) nai (af auf) hinein (nach) („ hĕr-ůf >) rauf herauf	kifˢ

Jetzt werden uns auch die nur noch geringen obpf Spuren in SM, so zB hăiner Haar (Bös-Bob Gegend), möedl 'Meidel' = Mädchen (†Planschwitz), goblémgld, goblitemgld geblümelt (vgl gabitemgld in Reuth), idrîme (< obpf ídrẽems < mhd *striemen) Streifen, Wegweiser sein und uns erzählen, dass einst das Obpf in SV stärker vertreten war als heute.

VITA.

Der Verfasser, FRANZ EMIL GERBET, evangelisch-lutherischer Konfession, ist am 11. Dezember 1867 in Trieb bei Jocketa i/V als Sohn des Gutsbesitzers CH GERBET geboren. Der erste planmässige Unterricht ward ihm in der Volksschule zu Steinsdorf zu teil. Nach siebenjährigem Besuch schickten ihn seine Eltern Ostern 1881 auf die Realschule I. O zu Plauen; Ostern 1884 wurde er in die Obertertia des Realgymnasiums übernommen und bestand Ostern 1889 die Abgangsprüfung. Während seiner Immatrikulation an der Universität zu Leipzig vom SS 1889 bis WS 1893/94, wo er sich mit neuern Sprachen und vorwiegend mit Germanistik beschäftigte, hörte er Vorlesungen und nahm teil an Seminarien oder Übungen folgender Herren Professoren und Privatdozenten:

VON BAHDER, BIRCH-HIRSCHFELD, BIEDERMANN, BUSCH, EBERT†, FLÜGEL, FRICKE, HEINZE, HIRT, HOLZ, HOFMANN, KÖRTING†, MASIUS†, PÜCKERT, RICHTER, ROSCHER, SCHIRMER, SETTEGAST, SIEVERS, SEYDEL†, STRÜMPELL, WEIGAND, WÜLCKER, ZARNCKE†.

Zu besonderem Dank fühlt er sich Herrn Professor SIEVERS verbunden, der ihn in das Verständnis dieser speziellen germanistischen Studien einführte, sowie den Herren Professoren BIRCH-HIRSCHFELD und WÜLCKER für mannigfache Anregung und Förderung in seinen Studien.